PSYCHODYNAMIK **Kompakt**

Herausgegeben von
Franz Resch und Inge Seiffge-Krenke

Kai Rugenstein

Freie Assoziation und gleichschwebende Aufmerksamkeit

Arbeiten mit der psychoanalytischen Methode

Mit 3 Abbildungen

Vandenhoeck & Ruprecht

Bibliografische Information der Deutschen Nationalbibliothek:
Die Deutsche Nationalbibliothek verzeichnet diese Publikation in der
Deutschen Nationalbibliografie; detaillierte bibliografische Daten sind
im Internet über http://dnb.de abrufbar.

© 2019, Vandenhoeck & Ruprecht GmbH & Co. KG,
Theaterstraße 13, D-37073 Göttingen
Alle Rechte vorbehalten. Das Werk und seine Teile sind urheberrechtlich
geschützt. Jede Verwertung in anderen als den gesetzlich zugelassenen Fällen
bedarf der vorherigen schriftlichen Einwilligung des Verlages.

Umschlagabbildung: Paul Klee, Witterndes Tier, 1930/akg-images

Bildnachweise S. 52/53 (Abb. 2): Christine Böhme, Berlin

Satz: SchwabScantechnik, Göttingen
Druck und Bindung: ⊕ Hubert & Co. BuchPartner, Göttingen
Printed in the EU

Vandenhoeck & Ruprecht Verlage | www.vandenhoeck-ruprecht-verlage.com

ISSN 2566-6401
ISBN 978-3-525-45910-2

Inhalt

Vorwort zur Reihe 7

Vorwort zum Band 9

1 Einleitung: Der Weg der Analyse 11

2 Die Grundregeln: Freie Assoziation und gleichschwebende
  Aufmerksamkeit 16

3 Unterwegs zur psychoanalytischen Methode 25
  3.1 Poetik: Die Kunst des Hervorbringens 26
  3.2 Psychologie: Assoziationismus 29
  3.3 Freuds voranalytische Schriften: Der Assoziationsapparat 31
  3.4 Freuds klinische Erfahrungen: Einsicht durch
      Abblendung 33
  3.5 Selbstanalyse und Traumdeutung: Freiheit zum
      Determinismus 39

4 Die Praxis der Methode 42
  4.1 Ein Beispiel: Herr O. 42
  4.2 Rahmen: Formulierungen der Regeln 44
  4.3 Haltung: Aufnahme- und Reaktionsbereitschaft 50
  4.4 Interventionen: Wege zur Deutung 56
  4.5 Das Problem der äußeren Realität und die tiefenpsycho-
      logische Anwendung der psychoanalytischen Methode 63

5 Reines Beobachten: Achtsamkeit und die psychoanalytische
   Methode 66

6 Die Methode lernen – mit der Methode lernen:
   Ausbildung und Supervision 69

7 Zusammenfassung: Zehn Prinzipien für das Arbeiten mit
   freier Assoziation und gleichschwebender Aufmerksamkeit 72

Literatur 74

Vorwort zur Reihe

Zielsetzung von PSYCHODYNAMIK KOMPAKT ist es, alle psychotherapeutisch Interessierten, die in verschiedenen Settings mit unterschiedlichen Klientengruppen arbeiten, zu aktuellen und wichtigen Fragestellungen anzusprechen. Die Reihe soll Diskussionsgrundlagen liefern, den Forschungsstand aufarbeiten, Therapieerfahrungen vermitteln und neue Konzepte vorstellen: theoretisch fundiert, kurz, bündig und praxistauglich.

Die Psychoanalyse hat nicht nur historisch beeindruckende Modellvorstellungen für das Verständnis und die psychotherapeutische Behandlung von Patienten und Patientinnen hervorgebracht. In den letzten Jahren sind neue Entwicklungen hinzugekommen, die klassische Konzepte erweitern, ergänzen und für den therapeutischen Alltag fruchtbar machen. Psychodynamisch denken und handeln ist mehr und mehr in verschiedensten Berufsfeldern gefordert, nicht nur in den klassischen psychotherapeutischen Angeboten. Mit einer schlanken Handreichung von 70 bis 80 Seiten je Band kann sich die Leserin, der Leser schnell und kompetent zu den unterschiedlichen Themen auf den Stand bringen.

Themenschwerpunkte sind unter anderem:
- *Kernbegriffe und Konzepte* wie zum Beispiel therapeutische Haltung und therapeutische Beziehung, Widerstand und Abwehr, Interventionsformen, Arbeitsbündnis, Übertragung und Gegenübertragung, Trauma, Mitgefühl und Achtsamkeit, Autonomie und Selbstbestimmung, Bindung.
- *Neuere und integrative Konzepte und Behandlungsansätze* wie zum Beispiel Übertragungsfokussierte Psychotherapie, Schemathera-

pie, Mentalisierungsbasierte Therapie, Traumatherapie, internetbasierte Therapie, Psychotherapie und Pharmakotherapie, Verhaltenstherapie und psychodynamische Ansätze.
- *Störungsbezogene Behandlungsansätze* wie zum Beispiel Dissoziation und Traumatisierung, Persönlichkeitsstörungen, Essstörungen, Borderline-Störungen bei Männern, autistische Störungen, ADHS bei Frauen.
- *Lösungen für Problemsituationen in Behandlungen* wie zum Beispiel bei Beginn und Ende der Therapie, suizidalen Gefährdungen, Schweigen, Verweigern, Agieren, Therapieabbrüchen; Kunst als therapeutisches Medium, Symbolisierung und Kreativität, Umgang mit Grenzen.
- *Arbeitsfelder jenseits klassischer Settings* wie zum Beispiel Supervision, psychodynamische Beratung, Soziale Arbeit, Arbeit mit Geflüchteten und Migranten, Psychotherapie im Alter, die Arbeit mit Angehörigen, Eltern, Familien, Gruppen, Eltern-Säuglings-Kleinkind-Psychotherapie.
- *Berufsbild, Effektivität, Evaluation* wie zum Beispiel zentrale Wirkprinzipien psychodynamischer Therapie, psychotherapeutische Identität, Psychotherapieforschung.

Alle Themen werden von ausgewiesenen Expertinnen und Experten bearbeitet. Die Bände enthalten Fallbeispiele und konkrete Umsetzungen für psychodynamisches Arbeiten. Ziel ist es, auch jenseits des therapeutischen Schulendenkens psychodynamische Konzepte verstehbar zu machen, deren Wirkprinzipien und Praxisfelder aufzuzeigen und damit für alle Therapeutinnen und Therapeuten eine gemeinsame Verständnisgrundlage zu schaffen, die den Dialog befördern kann.

Franz Resch und Inge Seiffge-Krenke

Vorwort zum Band

Die Technik der freien Assoziation hat Freud selbst im Alter als bedeutsamste Neuerung der Psychoanalyse und als methodischen Schlüssel zu den Ergebnissen der Analyse bezeichnet. Der Autor nimmt die Leserinnen und Leser mit auf einen Weg des besseren Verstehens der analytischen Methode, deren Aufgabe es ist, das »Terrain des psychischen Innenlebens« zu eröffnen und Zugang zu ihm zu ermöglichen. Er sagt, dass Methode und Ergebnisse der Psychoanalyse zueinander in einem konflikthaften Spannungsverhältnis stehen können. »Die Methode ist ständig davon bedroht, den mit ihr erzielten Resultaten zum Opfer zu fallen!« Das Aufschließen der Psyche, die empathische Offenheit gegenüber dem, was kommt, kann durch »Wissen« verstellt werden. Dann liegen Verständnis und Deutung immer auf der Hand. Der Therapeut kann sich als »Besserwisser« gar nicht mehr öffnen. Demgegenüber muss es das Ziel sein, die »psychoanalytische Methode zum Arbeiten zu bringen«.

Die methodischen Grundregeln der freien Assoziation und der gleichschwebenden Aufmerksamkeit werden in ihrer konzeptuellen Spannung aufgezeigt, da sie eigentlich eine »Contradictio in Adjecto« darstellen. Assoziationen sind nie frei und die Aufmerksamkeit ist immer fokussiert. Die Regeln können gar nicht in aller Eindeutigkeit befolgt werden, sie haben aber das Ziel, das Sprechen des Patienten und das Hören des Therapeuten »zu befreien«, Konventionen aufzubrechen und eine innere Öffnung zuzulassen.

Die Entwicklung der psychoanalytischen Methode wird aus der Geschichte der Psychoanalyse, ihren poetischen und wissenschaftlichen Wurzeln und Freuds voranalytischen Schriften und klinischen

Erfahrungen abgeleitet. Die Psychoanalyse »misstraut dem Bekannten, dem Verständlichen, denn sie ist dem Unbekannten und Unbeherrschbaren auf der Spur«.

In der Praxis der methodischen Anwendung stellt sich die Frage, ob die methodischen Regeln eine Vorschrift oder eine Erlaubnis darstellen. Als Vorschrift gegen die inneren Vorschriften eines Zensors des Über-Ichs gerichtet, hat die Regel etwas Befreiendes. Sie muss nicht »sklavisch eingehalten« werden, sondern soll neugierig machen »auf das, was gegen sie verstößt«. Dabei wird auch Lacans Formulierung aufgegriffen, dass die Deutungen des Therapeuten den Patienten anregen und »Wellen schlagen« sollen. Der Autor hält fest: »Die Deutung soll nicht die Rätsel des Patienten lösen, sondern seine Zunge«.

Eine solche Methode kann auch gelernt werden, wobei das Ziel des Lehrenden sein sollte, den Scholaren zur Emanzipation zu bewegen und sich schließlich selbst überflüssig zu machen. In einer Zusammenfassung hebt der Autor schließlich »zehn Prinzipien für das Arbeiten mit freier Assoziation und gleichschwebender Aufmerksamkeit« hervor. Diese sind nicht zu befolgen, sondern zu beherzigen.

Ein spannendes, tiefsinniges und kluges Buch zur psychoanalytischen Methode, das nicht belehrt, sondern innerlich befreit.

Inge Seiffge-Krenke und Franz Resch

1 Einleitung: Der Weg der Analyse

»Die Technik der freien Assoziation [ist] die bedeutsamste Neuerung der Psychoanalyse, der methodische Schlüssel zu den Ergebnissen der Analyse.« – In diesem erstaunlichen Fazit präsentiert der 74-jährige Freud (1960a, S. 398) die freie Assoziation rückblickend nicht nur als den innovativen Kern der Psychoanalyse, sondern auch als einen Schlüssel, über den wir verfügen müssen, wollen wir Zugang zu dem gewinnen, was er »Ergebnisse der Analyse« nennt. Damit sind offenbar die uns vertrauten und zum Teil sprachliches Allgemeingut gewordenen psychoanalytischen Konzepte gemeint: das dynamische Unbewusste, Übertragung und Gegenübertragung, Verdrängung und Widerstand, infantile Sexualität und Ödipuskomplex. Aber müssen diese Ergebnisse noch aufgeschlossen werden? Stehen sie nicht vielmehr fest? Haben wir denn nicht alle in Seminaren gelernt und können theoretisch fundiert, kurz, bündig und praxistauglich nachlesen, was das ist: Übertragung (Körner, 2018), Widerstand (Seiffge-Krenke, 2017), das Unbewusste (Gödde, 2018), Sexualität (Quindeau, 2014)? Wozu da noch einen »Schlüssel«? Was soll er uns aufschließen, öffnen, zugänglich machen?

Freud legt Wert darauf, die psychoanalytische Methode und die Ergebnisse der Analyse voneinander zu unterscheiden. In der berühmten Definition aus dem Artikel »Psychoanalyse«, den Freud für Max Marcuses »Handwörterbuch der Sexualwissenschaft« verfasste, heißt es: »Psychoanalyse ist der Name 1.) eines Verfahrens zur Untersuchung seelischer Vorgänge, welche sonst kaum zugänglich sind; 2.) einer Behandlungsmethode neurotischer Störungen, die sich auf diese Untersuchung gründet; 3.) einer Reihe von psychologischen, auf solchem Wege gewonnenen Einsichten, die allmählich zu einer neuen wissenschaftlichen Disziplin zusammenwachsen« (Freud, 1923a, S. 211). Wir können unterstellen, dass die Reihenfolge der Aufzählung hier keine zufällige ist: *Psychoanalyse ist zuallererst eine Methode,* ein Verfahren, ein Beobachtungs- und Forschungsinstrument. Erst an nachgeordneter Stelle ist sie der aufgrund dieses Verfahrens gewonnene Fundus an neuen Einsichten und Wissensbeständen (vgl. Bernfeld, 1981; Laplanche, 1998).

Das griechische Wort *méthodos* bedeutet wörtlich *metá hodós:* das Nachgehen eines Weges. Seit Platons Prägung des philosophischen Methodenbegriffs fungiert das Bild des Weges als epistemische und systematische Metapher, ohne die in vielen Wissenschaften kein Schritt unternommen werden kann (Westerkamp, 2011): Wir interessieren uns für »Geldströme«, »Nervenbahnen« oder »Geschlechtsverkehr«; wir »folgen« »Argumentationslinien« und »gelangen« so vom »Ausgangspunkt« unserer »Gedankengänge« – wenn wir nicht »irren« – zu einem »Ziel«. Freud spricht mit Blick auf die psychoanalytische Methode des Forschens und Heilens oft vom »Weg der Analyse« (z. B. Freud, 1914d, S. 57). Dieser verlaufe folgendermaßen: Die Aufgabe der analytischen Methode ist es, ein bestimmtes Terrain überhaupt erst zu eröffnen und Zugang zu ihm zu ermöglichen. Auf diesem Terrain sind dann bestimmte neue Erfahrungen möglich. Da es für diese anfangs noch keine Orientierung stiftenden Konzepte und Theorien gab, waren sie zunächst unverständlich, irritierend und verunsichernd. Erst aus der Sammlung vieler solcher Erfahrungen konnte sich nach und nach eine analytische Theorie entwickeln, deren Aufgabe es war, Erfahrungen verständlich zu machen und so mit ihnen fertigzuwerden, anstatt sie auszuhalten. Die oft erzählte Geschichte der Entdeckung, Entfesselung und konzeptuellen Zähmung der Übertragung ist ein bekanntes Beispiel dafür, wie die psychoanalytische Methode ins Unvertraute und Ungewisse führt und wie die Ergebnisse der Analyse Vertrautheit und Gewissheit herstellen.

Insbesondere in seinen Schriften zur Behandlungstechnik geht es Freud darum, das Chaos, die »unübersehbare Mannigfaltigkeit«

(Freud, 1913c, S. 454), einer in wesentlichen Teilen durch unbewusste Strukturen der beide Akteure bestimmten Interaktion zwischen Therapeut und Patient zu ordnen, um diese so für den angehenden Psychoanalytiker handhabbar zu machen. Es sollten gangbare »Wege der psychoanalytischen Therapie« (Freud, 1919a) aufgezeigt und mit Wegmarken versehen werden. In diesem Kontext muss auffallen, dass sich Freud an entscheidenden Stellen einer Sprache bedient, welche die darzustellenden Sachverhalte in ihrer Mehrdeutigkeit ebenso erhellt wie verdunkelt. Das »berühmt-mißverständliche Wort von der analytischen Spiegelhaltung« (Körner u. Rosin, 1985, S. 30) ist neben der Chirurgen-Metapher das bekannteste Beispiel hierfür. Aber auch die von Helmut Hinz (1991, S. 149) als »poetisch-psychologische Metapher« bezeichnete Wendung »gleichschwebende Aufmerksamkeit« und ihr Pendant, die »freie Assoziation«, gehören in diesen Zusammenhang.

Wenn Donald Spence (1984, S. 47) vom »Mythos der gleichschwebenden Aufmerksamkeit« spricht, dann meint er dies durchaus despektierlich: Mythos bedeutet hier etwas im Vergleich zur rational-wissenschaftlichen Welterklärung Defizitäres, etwas nicht erwiesenermaßen Feststehendes und Wohlbegründetes, sondern etwas, das »bloß« Phantasma ist, »nur« Ammenmärchen, »lediglich« Fiktion. Unabhängig von seiner Bewertung erkennt Spence darin zu Recht, dass Freud hier eine Sprache verwendet, welche offenbar eher dem Bereich des Mythos als dem des Logos zu entstammen scheint. An den Konstrukten der gleichschwebenden Aufmerksamkeit und der freien Assoziation lässt sich zeigen, dass dies nicht etwa ein Lapsus, sondern ein methodischer Kunstgriff ist, der auf eine Grundspannung verweist, welche das gesamte Freud'sche Werk durchzieht: eine Spannung zwischen Orientierung durch Klärung, Erhellung, Einsicht und Verstehen auf der einen Seite und Desorientierung durch Verwirrung, Verdunkelung, Verblindung und scheiterndes Verstehen auf der anderen Seite.

Diese Spannung entsteht daraus, dass es offenbar – im Gegensatz zur naturwissenschaftlichen Rationalität – gar nicht das primäre Ziel der analytischen Methode ist, zu Resultaten zu führen, sondern Raum für (neue) Erfahrungen zu eröffnen. Dem analytischen Weg geht es nicht ums Ankommen, sondern ums Unterwegssein. Je mehr das Territorium des Unbewussten aber kartografiert wird und Schneisen durch es geschlagen werden, desto mehr wird dadurch das Anliegen der analytischen Methode unterminiert und die Psychoanalyse läuft Gefahr, zu einem Straßenbauunternehmen zu werden, welches sich vor allem darum sorgt, vertraute Wege – wie die viel befahrene Autobahn der Übertragungsdeutung – auszubauen und zu befestigen. Alles, was wir aus jenem Material bauen, das wir im unentdeckten Land vorfanden, in das uns Freud wies, macht das Unentdeckte zum erschlossenen Baugrund und die überraschende Entdeckung von heute zum Eigenheim, zum Theoriegebäude von morgen. Klinische Erfahrung lehrt: »Die Einsicht von gestern ist der Widerstand von heute« (Körner, 1985, S. 114). Doch die hier umrissene Spannung geht tiefer, geht hinein ins Zentrum des psychoanalytischen Unternehmens: *Methode und Ergebnisse der Psychoanalyse stehen in einem konflikthaften Spannungsverhältnis. Die psychoanalytische Methode ist beständig davon bedroht, den mit ihr erzielten Resultaten zum Opfer zu fallen.*

Es kann mithin nicht darum gehen, die psychoanalytische Methode selbst zu einem feststehenden Resultat zu erklären, welches es zu »bewahren« gelte. Die psychoanalytische Methode muss immer wieder – in jeder Sitzung, in jeder Supervision und vielleicht sogar in jedem psychoanalytischen Text – neu auf den Weg gebracht werden und wir müssen ihr erlauben, dass sie uns immer wieder neu auf den Weg bringt.

»Freud zum Arbeiten bringen« ist die Überschrift, welche Jean Laplanche für diese gewiss nicht leichte Aufgabe fand. Freud zum Arbeiten bringen, so Laplanche (1992, S. 151 f.), »das bedeutet, an ihm das, was ich einen Anspruch nenne, einzulösen, den Anspruch, der sich aus seiner Entdeckung herleitet, der ihn vorantreibt, ohne ihm stets den Weg zu weisen, der ihn also in Sackgassen oder auf Irrwege treiben kann. Das heißt folglich, seinen Gedankengang wiederaufnehmen, sich seine Haltung zu eigen machen, indem man ihn begleitet, aber auch kritisiert, indem man andere Wege sucht; aber angetrieben von einem Anspruch, der dem seinen gleicht«.

Die Analyse interessiert sich für Irrwege, Abwege und Umwege, für Holzwege, Hintertreppen und Sackgassen. Es kann und soll nicht darum gehen, Freuds Weg nachzulaufen, sondern sich seine Haltung zu eigen zu machen und mit dieser eigene Wege zu finden. Die Haltung Freuds, um die es hier geht, seine Haltung als Therapeut und als Forscher, wurde von ihm selbst umrissen mit dem Begriffspaar »freie Assoziation – gleichschwebende Aufmerksamkeit«. Laplanches inspirierenden Gedanken aufgreifend, könnte man auch sagen: Es geht weniger darum, mit der psychoanalytischen Methode zu arbeiten, als vielmehr darum, die psychoanalytische Methode zum Arbeiten zu bringen.

Freud (1919a, S. 184) übersetzt »Analyse« mit »Zerlegung, Zersetzung«. Es geht der analytischen Methode um Dekonstruktion und Destruktion unserer befestigten, bekannten und vertrauten Wege. Die analytische Methode will nichts zusammenhalten und nichts hinzugeben, sondern etwas wegnehmen. Freud verglich sie daher auch mit der Methode der Bildhauerei. Anders als die Malerei, welche Farbe aufträgt und Striche hinzufügt, wo vorher eine leere Leinwand war, verfährt die Skulptur – Freud entlehnt diesen Gedanken bei Leonardo da Vinci – *»per via di levare«*: durch das Hinwegnehmen von Materie (Freud, 1905a, S. 17). Die skulpturale Technik folgt einem für die bildende Kunst altbekannten, aber für die therapeutische Kunst durchaus revolutionären Weg: *Hervorbringen durch Wegnehmen.*

2 Die Grundregeln: Freie Assoziation und gleichschwebende Aufmerksamkeit

Heilige Regeln

Während der ersten Sitzung pflegte Sigmund Freud seinen Analysandinnen und Analysanden stets die Regeln mitzuteilen, nach denen deren Analyse ablaufen werde. Er sagte ihnen dann etwa: »Noch eines, ehe Sie beginnen. Ihre Erzählung soll sich doch in einem Punkte von einer gewöhnlichen Konversation unterscheiden. Während Sie sonst mit Recht versuchen, in Ihrer Darstellung den Faden des Zusammenhangs festzuhalten, und alle störenden Einfälle und Nebengedanken abweisen, um nicht, wie man sagt, aus dem Hundertsten ins Tausendste zu kommen, sollen Sie hier anders vorgehen: Sie werden beobachten, daß Ihnen während Ihrer Erzählung verschiedene Gedanken kommen, welche Sie mit gewissen kritischen Einwendungen zurückweisen möchten, Sie werden versucht sein, sich zu sagen: Dies oder jenes gehört nicht hierher, oder es ist ganz unwichtig, oder es ist unsinnig, man braucht es darum nicht zu sagen. Geben Sie dieser Kritik niemals nach und sagen Sie es trotzdem, ja gerade darum, weil Sie eine Abneigung dagegen verspüren. Den Grund für diese Vorschrift – eigentlich die einzige, die Sie befolgen sollen – werden Sie später erfahren und einsehen lernen: sagen Sie also alles, was Ihnen durch den Sinn geht« (Freud, 1913c, S. 468).

Diese einzige von Freud seinen Patientinnen und Patienten gegebene Vorschrift rückt das, was aufgrund sozialer Konventionen aus der Alltagskonversation ausgeschlossen bleibt, ins Zentrum des gemeinsamen Interesses von Patient und Therapeut. Damit dies gelingen kann, ist nicht nur der Patient angehalten, seinen Einfällen frei zu folgen und diese auch – oder gerade – dann zu äußern, wenn sie ihm unschicklich, unzusammenhängend oder unbedeutend erscheinen, sondern der Therapeut ist ebenso aufgefordert, die vom Patienten aufgegebene Zensur nicht durch eine eigene zu ersetzen: Er möge auch – oder gerade – das Ungehörige, Unpassende und Unsinnige hören, ohne es sogleich kritisch prüfen oder verstehen zu müssen. Freud formuliert die entsprechende »Regel für den Arzt« so: »Man halte alle bewußten Einwirkungen von seiner Merkfähigkeit ferne und überlasse sich völlig seinem ›unbewußten Gedächtnisse‹, oder rein technisch ausgedrückt: Man höre zu und kümmere sich nicht darum, ob man sich etwas merke« (Freud, 1912e, S. 378).

Durch die mit diesen Vorschriften ermöglichten komplementären Haltungen von Patient und Therapeut wird eine für den psychodynamischen Ansatz charakteristische Form therapeutischer Kommunikation etabliert, deren Ziel das beiderseitige Gewährenlassen des Unbewussten ist. Die mit diesem therapeutischen Programm einhergehende Entfesselung des Ausgeschlossenen, Abgewiesenen und Unterdrückten erfolgt aufseiten des Patienten über eine *Befreiung des Sprechens* und aufseiten des Therapeuten über eine *Befreiung des Hörens*. Die konventionelle Ordnung dessen, was »hierher gehört«, was gesagt und was gehört werden darf, und dessen, was besser ungesagt und ungehört bleiben sollte, wird auf subversive Weise untergraben, indem die Zunge gelöst wird für das Unaussprechliche und das Ohr geöffnet wird für das Unerhörte. In der technischen Terminologie der Psychoanalyse wird dies so formuliert, dass der Patient angehalten ist, in »freier Assoziation« zu sprechen, und dem Therapeuten nahegelegt wird, auf das vom Patienten Gesprochene mit »gleichschwebender Aufmerksamkeit« zu hören.

Die Zusammengehörigkeit beider Haltungen wird durch eine Parallelität in der Namensbildung unterstrichen. »Freie Assoziation« und »gleichschwebende Aufmerksamkeit« sind auffällig sperrige Wortschöpfungen, bedenkt man Freuds ansonsten sehr glückliche Hand beim Branding seiner Entdeckungen: »Über-Ich«, »Es«, »Lustprinzip«, »Todestrieb«, »Penisneid«, »Widerstand«, »Narzissmus«,

»Ödipuskomplex«, »Übertragung«. Im Unterschied zu den einprägsamen Benennungen dieser und anderer Ergebnisse der Analyse wird in der Benennung der analytischen Methode selbst die Bewegung eines Widerspruchs wirksam: »Freie Assoziation« und »gleichschwebende Aufmerksamkeit« sind jeweils eine *Contradictio in Adjecto* und spielen mit einer Spannung innerhalb des jeweiligen Konzepts: Ebenso wie Aufmerksamkeit üblicherweise dadurch gekennzeichnet ist, dass sie gerade *nicht* gleichmäßig schwebt, sondern vielmehr bestimmte Wahrnehmungsinhalte klarer hervortreten lässt, indem sie andere vernachlässigt, so zeichnen sich Assoziationen gewöhnlich dadurch aus, dass sie gerade *nicht* frei sind, sondern vielmehr verschiedene Elemente gesetzmäßig aneinander binden. In den Komposita »freie Assoziation« und »gleichschwebende Aufmerksamkeit« werden relativ unmissverständliche, der Psychophysiologie des 19. Jahrhunderts entlehnt scheinende Substantive durch die ihnen hinzugefügten Attribute nicht näher bestimmt, sondern verkompliziert. Im Unterschied zu »frei« – »unabhängig, unbeschränkt« – findet sich das enigmatische »gleichschwebend« nicht einmal im Duden. Entsprechend schwer tun sich auch Freuds Übersetzer: »evenly suspended attention«, »suspended attention« »evenly poised attention«, »evenly hovering attention«, »free floating attention«.

Aus dem Grimm'schen Wörterbuch erfährt man, dass »gleichschwebend« die Schalen einer Waage bezeichnete, welche in gleicher, also in gerader Linie schweben, und von diesem Bild ausgehend zur Umschreibung eines gleichen, besonders eines noch unentschiedenen Kräfteverhältnisses verwendet wurde (Grimm u. Grimm, 1852 ff./1984). Der Ausdruck »gleichschwebende Temperatur« wurde im 18. und 19. Jahrhundert dann in der Musik und Ästhetik verwendet, um die von Andreas Werckmeister eingeführte wohltemperierte Stimmung zu bezeichnen, welche die Unterschiede der Einzeltöne und der Tonarten abschwächt. Wenn Freud dem Therapeuten eine Haltung gleichschwebender Aufmerksamkeit empfiehlt und in diesem Zusammenhang gar davon spricht, der Therapeut möge sich »seines Unbewußten [...] als *Instrument* bei der Analyse« bedienen (Freud,

1912e, S. 382; Hervorh. K. R.; vgl. Balter, Lothane u. Spencer, 1980), dann macht er damit auch auf die musikalische Dimension der therapeutischen Kunst aufmerksam. Die Wendung »gleichschwebende Temperatur« wurde bereits vor Freud aus dem Bereich der musikalischen Stimmung des Instruments metaphorisch auf die innere Stimmung des Instrumentalisten übertragen. So vermerkt zum Beispiel Schopenhauer (1851/1980, S. 533) hinsichtlich unseres Verhaltens gegen andere, dass in dieses »eine gleichschwebende Temperatur einführen zu können […] eine Leistung der höchsten Bildung« wäre. Es scheint, dass Freud Schopenhauers Wunsch in sehr eigentümlicher Weise in seiner methodischen Konzeption der zwischenmenschlichen therapeutischen Interaktion berücksichtigt hat.

Als Bestandteile des psychoanalytischen Settings bilden freie Assoziation und gleichschwebende Aufmerksamkeit den Rahmen und die Möglichkeitsbedingungen für den freien Austausch von Fantasien miteinander und übereinander. Damit sind sie konstitutiv für die spezifisch psychoanalytische Technik. Entsprechend erhob Freud die freie Assoziation in den Status der »psychoanalytische[n] Grundregel« (Freud, 1912b, S. 374), von der er mitunter gar als einer »heiligen Regel« (Freud, 1916–17a, S. 298) sprach. Die Verpflichtung des Therapeuten zu gleichschwebender Aufmerksamkeit bildet das spiegelbildliche Gegenstück zur freien Assoziation des Patienten und kann daher auch als »Grundregel für den Psychoanalytiker« (Argelander, 1985, S. 12) charakterisiert werden. Beide Grundregeln tragen das psychoanalytische Prinzip der Enthaltsamkeit (Abstinenz) in sich: Frei assoziierend enthält sich der Patient der Selbstzensur und der Auswahl des Gesagten im Hinblick auf logische, ästhetische und moralische Normen. Gleichschwebend aufmerksam enthält sich der Therapeut der theoriegeleiteten Hypothesenprüfung, des Helfenwollens und Verstehenmüssens. Mit diesen Aufgabenbestimmungen etablieren die Grundregeln die für das »Freud'sche Paar« (Bollas, 2011, S. 41) aus frei assoziierendem Analysanden und gleichschwebend aufmerksamem Analytiker typische Form der therapeutischen Zusammenarbeit.

Die Methoden der freien Assoziation und der gleichschwebenden Aufmerksamkeit wurden von Freud in ihrer definitiven Gestalt in zwei technischen Schriften aus den Jahren 1912 und 1913 – »Ratschläge für den Arzt bei der psychoanalytischen Behandlung« (1912e) und »Zur Einleitung der Behandlung« (1913c) – formuliert. Freud behielt beide Grundregeln und die von ihnen strukturierte klassische Behandlungssituation allen nach 1913 noch folgenden theoretischen Entdeckungen und Umwälzungen – Narzissmus, Strukturmodell, Todestrieb – zum Trotz als methodischen Grundbestand der Psychoanalyse unverändert bei (Sandler, Dare u. Holder, 1992).

Metaphern des Verkehrs

Neben den eher technischen Formulierungen der Grundregeln verwendet Freud zwei Metaphern, um die mit »freier Assoziation« und »gleichschwebender Aufmerksamkeit« gemeinten Haltungen zu veranschaulichen: Eisenbahnfahren und Telefonieren. Als Quellbereich greifen beide Metaphern auf neuartige technische Errungenschaften des 19. Jahrhunderts zurück, welche den Verkehr zwischen Menschen revolutionieren oder zumindest erleichtern sollten und das Ziel verfolgten, Verbindungen herzustellen. Hierzu bedienen sich beide Errungenschaften netzartiger Strukturen, welche dadurch gebildet werden, dass sich einzelne – durch Schienen oder Kabel aufgespannte – Linien in Knotenpunkten überschneiden. Die Anspielungen auf die analytische Technik und auf das, was Freud (1912e, S. 384) den »psychoanalytischen Verkehr« nennt, sind evident. Zudem erweist sich die Eisenbahn- und Telefonmetaphorik im Vergleich mit Freuds Metaphern vom Analytiker als Spiegel oder Chirurgen als immuner gegen eine Auslegung im Sinne einer Freud unterstellten »Ein-Personen-Psychologie«.

Freud fasst die Instruktionen, die er seinen Patientinnen und Patienten bezüglich der Verpflichtung aufs freie Assoziieren gibt, in folgendes Bild: »Benehmen Sie sich so, wie zum Beispiel ein Reisender, der am Fensterplatz des Eisenbahnwagens sitzt und dem im Innern Untergebrachten beschreibt, wie sich vor seinen Blicken die Aussicht verändert« (Freud, 1913c, S. 468). Nicht nur weil die Idee einer Reise sehr gut mit den Bildern vom Weg und der Methode der Analyse harmoniert, hat es etwas unmittelbar Einleuchtendes, eine Psychoanalyse mit einer Reise zu vergleichen. Die meisten Analytiker und Analysanden würden hier wohl zustimmen. Aber eine Bahnfahrt? Ist die Analyse nicht eher eine Gebirgswanderung, eine Höhlenforschung, ein Tauchgang oder vielleicht auch ein Marathonlauf? Die Zugfahrt ist doch für den Passagier etwas erstaunlich Passives, zumal der analytisch Reisende offensichtlich in einem Liegewagen unterwegs ist. Freuds Eisenbahnmetaphorik scheint zu implizieren, dass es nicht die vorrangige Aufgabe des Analysanden ist, sich zu bewegen. Er soll nur – dies aber möglichst umfassend, genau und kritiklos – alles beschreiben, was sich ihm zeigt. Bewegung passiert von ganz allein. Man braucht nur in den Zug, der die Analyse ist, einzusteigen (und sein Ticket zu bezahlen).

Das Bild des Eisenbahnfahrens irritiert weiterhin durch eine Umkehr von innen und außen: Das, was sich dem Analysanden zeigt, ist doch sein Innen, und der Analytiker sitzt doch im Außen, hinter dem Analysanden. Bei Freud aber ist der Analytiker im Innern untergebracht, und dem Analysanden zeigen sich nicht Ein-, sondern Aussichten. Diese Umkehrung der Verhältnisse ist möglicherweise kein absichtlicher, gewiss aber ein geschickter Schachzug. Freud bringt in diesem Bild den Analysanden in die Nähe des Analytikers und auf Distanz zu seinem inneren Erleben. Es geht dabei um die Bewältigung von Scham. Es fällt sicher jedem leicht, einem guten Freund sehr detailgetreu ein Zimmer zu beschreiben, in welchem man steht, das aber nicht das eigene ist. Schwieriger wird es schon, wenn es das eigene Zimmer ist: Gibt es da nicht etwas Staub, eine verwelkte Blume, ein unvorteilhaftes Möbelstück, eine herumliegende Socke, die man in der Beschreibung weglassen würde, weil sie »nicht so wichtig« sind, weil sie »eigentlich« nicht zum Zimmer gehören, also nicht zur Idee des eigenen Zimmers, so wie man es gern hätte? Ist das Zimmer die eigene Inneneinrichtung und der Freund ein Freud, also ein Unbekannter, von dem ich nichts weiß und den ich fürs Zuhören bezahle, dann wird es schwierig. Das Bild von der gemeinsamen Bahnfahrt impliziert die Aufforderung: »Beschreiben Sie mir das, was Sie vor Ihrem inneren Auge sehen, so, als wäre es außen, und beschreiben Sie es mir so, als wäre ich innen, so als würden Sie tagträumen oder mit sich selbst sprechen.«

Wenn Freud an einer durchaus entscheidenden Stelle das Eisenbahnfahren als Metapher für das grundregelkonforme Psychoanalysieren verwendet, dann müssen uns die assoziativen Verknüpfungen zu denken geben, welche dieses sehr spezielle Bild für Freud gehabt haben muss. In den »Drei Abhandlungen zur Sexualtheorie« weist er darauf hin, dass die »Erschütterungen der Wagenfahrt und später der Eisenbahnfahrt [...] eine so faszinierende Wirkung auf ältere Kinder aus[üben]« und dass der Lustcharakter der körperlichen Bewegungsempfindungen zu einem »Zwang zu solcher Verknüpfung des Eisenbahnfahrens mit der Sexualität« (Freud, 1905d, S. 103) führe. Während des Heranwachsens falle die in der Rationalität des Erwachsenen unpassend, ungehörig und unsinnig erscheinende Verbindung zwischen Sexualität und Eisenbahnfahrt der Verdrängung anheim und schlage mitunter in ihr genaues Gegenteil, nämlich Eisenbahnangst, um. Wie wir von Freud wissen, litt er selbst lange unter einer »Eisenbahnphobie« (Freud, 1985c, S. 430), von welcher er sich in seiner Selbstanalyse so weit befreien konnte, dass ihm der Zugverkehr fortan keine größeren Probleme mehr bereitete. Durch die erfolgreiche Selbstanalyse versetzte sich Freud in den Stand, gleich zwei Dinge, die er zuvor nicht oder nicht wirklich konnte, nun gewiss und vergleichsweise angstfrei zu können: Psychoanalysieren *und* Eisenbahnfahren. Was lag da näher, als das eine als ein Bild für das andere zu verwenden? Dass das überdeterminierte Bild vom Eisenbahnfahren dabei zugleich Assoziationen von Regression (Kinderwagenfahren) und infantiler Sexualität in das durch die Grundregel etablierte analytische Setting hineinträgt, mag dabei als eine Andeutung auf das verstanden werden, was in diesem Setting möglich ist.

Das von Freud zur Illustration für die gleichschwebende Aufmerksamkeit verwendete Bild birgt auf den ersten Blick weniger Irritationspotenzial: Der Analytiker solle »dem gebenden Unbewußten des Kranken sein eigenes Unbewußtes als empfangendes Organ zuwenden, sich auf den Analysierten einstellen, wie der Receiver des Telephons zum Teller eingestellt ist. Wie der Receiver die von Schallwellen angeregten elektrischen Schwankungen der Leitung wieder in Schallwellen verwandelt, so ist das Unbewußte des Arztes befähigt, aus den ihm mitgeteilten Abkömmlingen des Unbewußten dieses Unbewußte, welches die Einfälle des Kranken determiniert hat, wiederherzustellen« (Freud, 1912e, S. 381 f.). Das Unbewusste des Patienten wird hier als aktiv und gebend vorgestellt. Es gibt Abkömmlinge, also wahrnehmbare Erscheinungen, welche als Fortsetzung unbewusster Prozesse verstanden werden können: Assoziationen innerhalb der Sitzung, Symptome, Fehlleistungen, Witze, Fantasien etc. Diese sind es, welche der Patient von seinem Fensterplatz im Liegewagen zu sehen bekommt und welche er angehalten ist, dem in seinem Abteil sitzenden Analytiker möglichst unzensiert mitzuteilen.

Die Verbindung, die Freud im Bild des Telefonierens vorstellt, ist dabei nicht in erster Linie die zwischen dem rationalen Ich des Analytikers und dem rationalen Ich des Analysanden. Die Grundregeln schreiben vielmehr beiden Beteiligten vor, den sekundärprozesshaften, kritischen Einfluss ihres rationalen Ichs weitgehend auszuschalten, sodass eine Verbindung zwischen dem Unbewussten des Patienten und dem Unbewussten des Therapeuten zustande kommen kann. Das Unbewusste des Therapeuten solle dabei Wellen empfangen, welche es anregen und es damit ermöglichen, aus den mitgeteilten Assoziationen das Unbewusste des Patienten wiederherzustellen. Die musikalische Dimension aufgreifend, die Freud mit dem Wort »gleichschwebend« und der Konzeption des Unbewussten als Instrument des Analytikers andeutet, könnte man sagen, es geht hier um *Resonanz* (vgl. Buchholz, 2014). Wenngleich sich der Einwand aufdrängt, ob es sich der wenig blumigen Metaphorik Freuds zum Trotz hier nicht doch um ein etwas arg romantisch verklärtes Bild von der Arbeit des Analytikers handeln könnte, so bleibt doch festzuhalten, dass Freud hier die einflussreiche Idee der Analyse als einer *Kommunikation von unbewusst zu unbewusst* entwirft. Dies weist dem Analytiker die Position des Receivers zu: Er soll offen sein und empfangend und passiv. Dabei wird zugleich klargestellt, dass Passivität keinesfalls bedeutet, der Analytiker solle phlegmatisch, stumpf und teilnahmslos sein. Ganz im Gegenteil: Er soll, er muss *sich anregen lassen* und sich dazu Wellen, welche auch immer dies sein mögen, aussetzen.

3 Unterwegs zur psychoanalytischen Methode

Freud zum Arbeiten zu bringen bedeutet, sich seine Methode, seine Haltung und seinen Anspruch anzueignen, anstatt seine Ergebnisse zu referieren (siehe Kapitel 1). In diesem Zusammenhang gelesen gewinnt Freuds (1923a, S. 211) viel zitiertes Diktum, nach welchem man »die Psychoanalyse immer noch am besten [versteht], wenn man ihre Entstehung und Entwicklung verfolgt«, Lebendigkeit und Frische: Die Entstehung und Entwicklung der Psychoanalyse ist die Geschichte der kreativen Aneignung von Begriffen und Verfahren durch Freud. Dies trifft in besonderem Maße auf die psychoanalytische Methode zu. Die Geschichte ihrer Entdeckung und Entwicklung ist eine Geschichte der Aneignung der Literatur seiner Jugendzeit durch Freud, eine Geschichte der Aneignung der akademischen Psychologie und der Neurophysiologie durch Freud, eine Geschichte der Aneignung des Breuer'schen kathartischen Verfahrens durch Freud und eine Geschichte der Aneignung der Erlebnisse seiner Patientinnen durch Freud (Hölzer u. Kächele, 1988). Etwas von ihm Vorgefundenes wird dabei von Freud aufmerksam aufgenommen, sich zu eigen gemacht und in kreativer Weise zu etwas vermeintlich ganz und gar Neuem umgestaltet (Reicheneder, 1990). Dies führt dazu, dass viele der Entdeckungen Freuds revolutionär neu und zugleich frappierend bekannt erscheinen.

Wenn im Folgenden Freuds Weg zur analytischen Methode und Freuds Weg mit der analytischen Methode in den wichtigsten Stationen nachgezeichnet werden, dann geht es mir an dieser Stelle nicht um historische Vollständigkeit, sondern darum, Grundzüge des Anspruchs und der Haltung hervortreten zu lassen, welche Freud auf seiner Entdeckungsreise antrieben.

3.1 Poetik: Die Kunst des Hervorbringens

Vergessene Lektüre

Der früheste Einfluss auf die Entwicklung der freien Assoziation geht nach Freuds (1920b) eigenen Aussagen in sein 14. Lebensjahr zurück, als ihm ein Aufsatz Ludwig Börnes geschenkt worden sei mit dem vielversprechenden Titel »Die Kunst, in drei Tagen ein Originalschriftsteller zu werden«. Wichtiger noch als das Ziel, welches dieser Aufsatz ins Auge fasst und welches Freud in seinem Leben zweifelsohne – wenngleich nicht ganz in der von Börne veranschlagten Zeitspanne – erreicht hat, ist die zur Zielerreichung empfohlene Methode.

Der Weg zum Originalschriftsteller wird von Börne als ein Weg des Weniger entworfen: »Man hat nichts dabei zu lernen, sondern nur vieles zu verlernen; nichts zu erfahren, sondern manches zu vergessen« (Börne, 1823/1911, S. 284). Es geht Börne um die sokratische »Kunst, sich unwissend zu machen« (Börne, 1823/1911, S. 285). Der Aufsatz kulminiert in der methodischen Nutzanweisung: »Nehmt einige Bogen Papier und schreibt drei Tage hintereinander ohne Falsch und Heuchelei alles nieder, was euch durch den Kopf geht. Schreibt, was ihr denkt von euch selbst, von euern Weibern, […] von euern Vorgesetzten – und nach Verlauf der drei Tage werdet ihr vor Verwunderung, was ihr für neue, unerhörte Gedanken gehabt, ganz außer euch kommen. Das ist die Kunst, in drei Tagen ein Originalschriftsteller zu werden!« (Börne, 1823/1911, S. 286).

Eine der freien Assoziation sehr ähnlich sehende Methode des freien Schreibens wird hier empfohlen, nicht etwa um therapeutische Heilung zu erreichen, sondern um zu einem originellen Schriftsteller zu werden. Indem Freud sich diese Methode aneignete und sie ins psychoanalytische Setting übertrug, verwandelte er sie von einer

Methode zum Hervorbringen literarischer Werke zu einer *Methode zum Hervorbringen des Unbewussten*. Nehmen wir das griechische Wort *poíēsis* in seiner ursprünglichen Bedeutung als »Machen, Hervorbringen, Schaffen«, dann können wir feststellen, dass der poetische, also hervorbringende Charakter der Methode Börnes auch nach ihrer Aneignung durch Freud grundsätzlich erhalten bleibt. Somit wäre zu prüfen, inwieweit sich aus den von Freud im Rahmen der psychoanalytischen Behandlungstechnik formulierten Regeln der therapeutischen Kunst das Programm einer *Poetik der Psychoanalyse* ableiten lässt. Ansätze dazu finden sich bei Raguse (1992) und Lüdemann (1994).

Bemerkenswert ist, dass Freud Börnes Text nicht nur gelesen hat, sondern die von Börne vorgeschlagene methodische Kunst, sich unwissend zu machen, auch sogleich auf Börnes Text selbst anwendete und ihn vergaß. Von Sándor Ferenczi auf Börnes Aufsatz und die erstaunliche Parallele zur »psychoanalytischen Einfallsverwertung« aufmerksam gemacht, teilte der erwachsene Freud ein halbes Jahrhundert nach seiner jugendlichen Börne-Lektüre mit, dass er sich an den Aufsatz zwar nicht erinnern könne, aber bei seiner (Re-)Lektüre besonders erstaunt gewesen sei, »in der Anweisung zum Originalschriftsteller einige Gedanken ausgesprochen zu finden, die er selbst immer gehegt und vertreten habe« (Freud, 1920b, S. 312). Das »immer« ist verdächtig. Und so räumt auch Freud abschließend ein, dass nicht ausgeschlossen sei, dass der Hinweis auf Börnes Aufsatz »jenes Stück Kryptomnesie aufgedeckt hat, das in vielen Fällen hinter einer anscheinenden Originalität vermutet werden darf« (Freud, 1920b, S. 312). In der Gedankenfigur der »Kryptomnesie« – der verborgenen Erinnerungen, die dem Denkenden bei ihrem Auftauchen im Bewusstsein nicht als Gedächtnisinhalte, sondern als seine originellen Kreationen erscheinen (Trosman, 1969) – deutet sich die Geschichte der Entdeckung der psychoanalytischen Methode durch Freud an als eine Geschichte des unbewussten Wirksamwerdens einer Erfahrung durch den *Verzicht auf Erinnerung*.

Ein sehr zweckmäßiges Glied

Dass Börne sich mit seiner Methode auf poetologisch durchaus vertrautem Terrain bewegt, zeigt ein Brief vom Dezember 1788, in welchem Schiller dem sich über seine Unproduktivität beklagenden Freund Christian Gottfried Körner rät: »Es scheint nicht gut und dem Schöpfungswerke der Seele nachtheilig zu sein, wenn der Verstand die zuströmenden Ideen, gleichsam an der Thoren schon zu scharf mustert. Eine Idee kann, isoliert betrachtet, sehr unbeträchtlich und sehr abenteuerlich sein, aber vielleicht wird sie durch eine, die nach ihr kommt, wichtig; vielleicht kann sie in einer gewissen Verbindung mit anderen, die vielleicht ebenso abgeschmackt erscheinen, ein sehr zweckmäßiges Glied abgeben […]. Bei einem schöpferischen Kopf hingegen, däucht mir, hat der Verstand seine Wache von den Thoren zurückgezogen, die Ideen stürzen pêle-mêle herein, und alsdann erst übersieht und mustert er den großen Haufen« (Schiller, 1859, S. 382). Auch hier geht es ums Hervorbringen: ums Schöpfungswerk der Seele, um den schöpferischen Kopf. Und auch hier wird dem am Hervorbringen Interessierten der Verzicht auf kritische Prüfung und Zensur empfohlen, wobei zugleich die Idee der assoziativen Verbindung von Gedanken stark gemacht wird: Die Bedeutung eines an sich unbedeutend oder unwichtig erscheinenden Elements kann durch ein ihm folgendes beträchtlich anschwellen. Freud selbst nahm die Passage aus Schillers Brief, auf die ihn Otto Rank aufmerksam machte, 1909 in die zweite Auflage der »Traumdeutung« auf (Freud, 1900a, S. 107 f.).

Ob man mit Havelock Ellis (1919, S. 206 f., Anm.) so weit gehen möchte, in den Texten von Schiller und Börne einen Beleg dafür zu sehen, wie sehr Freuds Methode die eines Künstlers ist, und »the similarity of his attitude to the poet's« betont oder ob man mit Freud (1920b) geneigt ist, den Status der Psychoanalyse eher als den einer Wissenschaft zu bestimmen, oder aber ob man in beiden Perspektiven gar keinen Widerspruch erblickt, bleibt eine Frage der persönlichen Präferenz dafür, welchen Freud man gern hätte: den Künstler-Freud, den Wissenschaftler-Freud oder den Leonardo-da-Vinci-Freud.

3.2 Psychologie: Assoziationismus

Als Freud begann, sich mit Assoziationen und deren Bedeutung zu beschäftigen, betrat er kein wissenschaftliches Neuland. Die Lehren des Assoziationismus stellten vielmehr die dominierende Psychologie des 19. Jahrhunderts dar: Ebenso wie man sich das Gehirn als aus einzelnen Zellen und deren nervösen Verbindungen untereinander bestehend vorstellte, so wurde das Mentale gedacht als aus einzelnen Elementen (Vorstellungen) aufgebaut, welche durch assoziative Verknüpfung miteinander verbunden seien (Stäcker, 1971). Die Idee, dass das Psychische und das Physische ähnlichen assoziativen Gesetzen und Strukturen unterworfen seien, mag auf jenen Freud, welcher sich in den späten 1880er Jahren auf dem Weg von der Physiologie zur Psychologie befand, besonders anziehend gewirkt haben.

In Johann Friedrich Herbarts »Lehrbuch zur Psychologie«, welches zum Bestand von Freuds Bibliothek gehörte (Davies u. Fichtner, 2006), findet sich bereits die Idee von »frei steigende[n] Vorstellungen« (Herbart, 1850, S. 28). Frei steigen würden Vorstellungen dann, so Herbart, »wenn eine beengende Umgebung, oder ein allgemeiner Druck, auf einmal verschwindet« (Herbart, 1850, S. 21). Hier deutet sich bereits die psychoanalytisch wegweisende Idee an, dass durch ein Weniger an äußerer Einwirkung (»Druck«) nicht etwa nichts passiert, sondern sich das Psychische in einer Form von Eigengesetzlichkeit zu erkennen gibt. Die frei steigende Vorstellung bildet bei Herbart – anders als bei Schiller, Börne und später bei Freud – jedoch keine Methode, sondern ist ein mit anderen Methoden zu untersuchendes Phänomen.

Eine ertragreichere Parallele zur psychoanalytischen Methode findet sich im Werk des englischen Naturforschers, Psychologen und Statistikers Francis Galton (vgl. Zilboorg, 1952). 1879 machte sich Galton wie Freuds frei assoziierender Eisenbahnpassagier auf den Weg. Allerdings zu Fuß: Er begab sich auf einen etwa 400 Meter langen Spaziergang durch Londons Pall-Mall-Street, währenddessen er jedes Objekt, das sich ihm zeigte, so lange aufmerksam in den Blick nahm, bis ein oder zwei Gedanken durch direkte Assoziation mit diesem Objekt aufgestiegen seien. Von diesen Gedanken habe er eine kurze mentale Notiz gemacht und sei dann zum nächsten Objekt übergegangen. Während dieses von ihm wiederholt durchgeführten Selbstversuchs, in welchem sich Galton qua Assoziation mutig der »free action of the mind« (Galton, 1879, S. 153) aussetzte, machte er erstaunliche Entdeckungen: Die aufgezeichneten Assoziationen, so Galton, »lay bare the foundations of a man's thoughts with curious distinctness, and exhibit his mental anatomy with more vividness and truth than he would probably care to publish to the world« (Galton, 1879, S. 162). Trotz der gebotenen Zurückhaltung wagte Galton es, ein bemerkenswertes, frühes Beispiel einer auf dem Weg freier Assoziationen voranschreitenden Selbstanalyse in »Brain« zu publizieren, einer Zeitschrift, welche Freud nicht nur regelmäßig zu lesen pflegte (Davies u. Fichtner, 2006), sondern in der er auch selbst veröffentlichte (Freud, 1884c).

In Galtons Assoziationen tauchten nacheinander das Bild eines Arrangements von Tischen, das Bild eines Destillierkolbens und dann die Erinnerung an den Geruch von Chlor auf. Im Moment des Auftauchens wirkten diese Bilder irgendwie vertraut, aber unzusammenhängend auf ihn. In der Reflexion über diese Assoziationen und ihre Folge stellte sich dann die bewusste Erinnerung an eine nach Galtons Aussage lange vergessenen geglaubte Szene ein: »When I was a boy, my father, who was anxious that I should learn something of physical science, which was then never taught at school, arranged with the owner of a large chemist's shop to let me dabble at chemistry for a few days in his laboratory« (Galton, 1879, S. 155 f.). Die Assoziationen der Gegenwart führen hier zurück in die Kindheit, zurück zum Vater und zu dem, was in der Schule nicht gelehrt wird.

Galtons Reaktion auf seine Entdeckungen bestand im Versuch, die Wirrnis der erschreckend aufschlussreichen Assoziationen, welche er entfesselt hatte, nun irgendwie in den Griff zu bekommen:

Er versuchte, sie zähl- und messbar zu machen und sie der statistischen Analyse zu unterwerfen. Sein Spaziergang führte Galton so nicht zur psychoanalytischen, sondern zur experimentellen Methode, unter deren Einfluss sich das freie Assoziieren zum übersichtlicheren Wort-Assoziations-Paradigma wandelte, in welchem nun Häufigkeiten und Reaktionszeiten ausgezählt und gemessen werden konnten. Galton publizierte hierzu Tabellen, deren Pointe auch darin besteht, dass sie etwas zeigen (psychometrische Zusammenhänge der differenziellen Psychologie) und zugleich etwas verbergen (die unbewusste Geschichte des Subjekts, die sich in den nicht statistisch ausgewerteten assoziativen Rohdaten zu erkennen gibt). Galtons Wort-Assoziations-Test wurde später u. a. vom jungen Zürcher Psychiater Carl Gustav Jung weiterentwickelt. Als Jung seine gerade publizierten experimentellen »Diagnostischen Assoziationsstudien« (Jung, 1906) an Freud sandte, markierte dies interessanterweise den Beginn der persönlichen Bekanntschaft und der mehr oder weniger produktiven Zusammenarbeit der beiden Männer.

3.3 Freuds voranalytische Schriften: Der Assoziationsapparat

Bereits in voranalytischer Zeit konzeptualisiert Freud, der später gern vom psychischen Apparat sprechen wird, das Seelische als eine – mehr oder weniger gut funktionierende – Apparatur: Im sechsten Abschnitt seiner ersten veröffentlichten Monografie »Zur Auffassung der Aphasien« erscheint die Vorstellung des Mentalen als eines »Associationsapparates«, als »eines auf Association eingerichteten Apparates« (Freud, 1891b, S. 91). Freud entwickelt in diesem Zusammenhang eine grundlegende Vorstellung davon, wie verschiedene Elemente der Sprache und verschiedene Elemente der mentalen Repräsentation der durch die Sprache bezeichneten Dinge miteinander assoziiert sind. Dabei interessiert ihn, wie die beide Bereiche, die er hier folgenreich »Wortvorstellung« und »Sachvorstellung«

nennt, miteinander verbunden sind bzw. wie diese Verbindung – wie im Fall der Aphasie – gestört sein kann (siehe Abbildung 1). Unter vorgeblich noch neurologischer Perspektive beginnt sich Freud hier mit jenen Elementen zu beschäftigen, aus denen er später zwei Eckpfeiler der Psychoanalyse entwickeln wird: zum einen eine Metapsychologie, welche eine ihrer fundamentalsten Unterscheidungen, nämlich die zwischen Bewusstem und Unbewusstem, unter Rückgriff auf Wort- und Sachvorstellung formuliert (Freud, 1915e), und zum anderen eine Redekur, deren grundlegende Regel und zentrale Methode das Assoziieren ist.

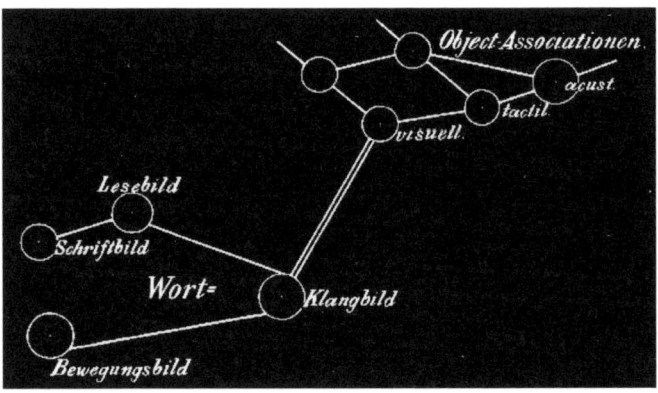

Abbildung 1: Schema aus Freuds Aphasieschrift (1891b, S. 79): Wenn der hier dargestellte, aus Wort- und Sachvorstellungen aufgebaute Assoziationsapparat später durch Freud zum psychischen Wunschapparat umgebaut wird, bleiben seine assoziativen Strukturen aus Netzen, Knoten und Verbindungen erhalten.

Als Modell für die von Freud in der Aphasiestudie untersuchten assoziativen Verbindungen dienen dabei jene Nervenzellen und deren Faserverbindungen, mit welchen er sich in seinen frühen neuroanatomischen Schriften (Freud, 1882a; 1884d; 1884f) beschäftigte. Auch in seinem programmatischen, 1895 verfassten, aber zu Lebzeiten nicht veröffentlichten »Entwurf einer Psychologie« machte Freud in der erklärten Absicht, »eine naturwissenschaftliche Psychologie zu liefern« (Freud, 1950c, S. 387), ausgiebigen Gebrauch vom Assoziationsbegriff. Assoziationen werden verstanden als das Strömen von quantitativ bestimmbaren Mengen von Energie zwischen den einzelnen Elementen eines aus verschiedenen Klassen von Neuronen aufgebauten Neuronenapparats. Dabei wird das Neuron für Freud vom histologisch präparierbaren materiellen Objekt immer mehr zu einer Metapher, zum »Abbild des gesamten Nervensystems« (Freud, 1950c, S. 391).

Die aufmerksame Leserin und der aufmerksame Leser können im »Entwurf« Andeutungen finden, die sich als eine mehr allgemeinpsychologische und weniger klinisch-therapeutische Vorwegnahme der freien Assoziation lesen lassen. Freud (1950c, S. 464) führt aus: »Es ist nämlich sehr schwer für das Ich, sich in die Situation des bloßen ›Forschens‹ zu versetzen. Das Ich hat fast immer Ziel- oder Wunschbesetzungen, deren Bestand während des Forschens den Assoziationsablauf […] beeinflußt«. Ich möchte behaupten, dass Freud zeit seines Lebens der Idee dessen, was er hier »bloßes Forschen« nennt, verpflichtet bleibt, auch wenn sich seine Forschungsmethode dabei grundlegend vom Präparieren und Mikroskopieren hin zum freien Assoziieren gewandelt hat.

3.4 Freuds klinische Erfahrungen: Einsicht durch Abblendung

Freuds jugendliche Lektüreerfahrungen, seine Kenntnis der Assoziationspsychologie, die Aphasiestudie und der »Entwurf« bereiteten einen fruchtbaren Boden für die eigentliche Entwicklung von freier Assoziation und gleichschwebender Aufmerksamkeit zur genuin psychoanalytischen Methode, welche im Bereich der klinischen Erfahrung stattfand. Relevant sind hierfür sowohl Freuds Erfahrungen mit jenen ersten Patientinnen, welche er mit einem Verfahren zu behandeln glaubte, das er als »kathartische Methode Breuers« (Freud,

1894a, S. 64) bezeichnete, als auch die Selbsterfahrungen, welche Freud im Rahmen seiner 1895 einsetzenden Selbstanalyse machte. Von Ersteren geben die allgemein als »Urbuch der Psychoanalyse« (Grubrich-Simitis, 1995, S. 5) anerkannten »Studien über Hysterie« (Freud, 1895d) Zeugnis, von Letzteren »Die Traumdeutung« (Freud, 1900a).

Emmy weist den Weg, Freud folgt

Bei der Krankengeschichte der am 1. Mai 1889 von Freud begonnenen Behandlung von Fanny Moser, bekannter unter ihrem Pseudonym »Frau Emmy von N.«, handelt es sich sowohl um die historisch früheste von Freud ausführlich dargestellte Krankengeschichte als auch um ein Dokument, in welchem sich der Übergang von der hypnotischen Suggestion zur freien Assoziation in statu nascendi verfolgen lässt (Reicheneder, 1987).

Freuds therapeutische Technik zum Ende der 1880er Jahre bestand aus einer heute bestenfalls irritierend anmutenden Kombination von Massagen, freien Gesprächen und hypnotischer Suggestion. Als das eigentlich therapeutisch wirksame Agens der Behandlung wurde dabei – im Einklang mit den Lehren von Charcot und Bernheim – die Beeinflussung durch Suggestion betrachtet. Massage und Gespräch bildeten lediglich vorbereitende und unterstützende Maßnahmen.

In der Behandlung von Emmy von N. kam Freud nun auf die Idee, seiner Patientin in der Hypnose nicht etwa das Nichtbestehen ihrer Symptome zu suggerieren, sondern sie vielmehr nach dem Ursprung derselben zu fragen. Ein bemerkenswerter Einfall, welcher Freud nach eigener Aussage »zufällig einmal« (Freud, 1893h, S. 188) gekommen sei, man könnte meinen: frei steigend.

Freud zeigte sich in der Folge der angeblich zufälligen Modifikation seiner therapeutischen Methode beeindruckt davon, dass seine Patientin in der Hypnose, ohne dass er es ihr habe suggerieren müssen, über Erinnerungen verfügte, welche ihr im Wachzustand unzugänglich waren. Seine Patientin schien somit in der Lage zu sein, die in ihr pathogen wirksamen biografischen Erlebnisse nahezu selbstständig aufzufinden. Dies war offenbar auch für Emmy von N. eine nachhaltige Erfahrung und führte dazu, dass die Patientin das Aussprechen ihrer Einfälle eigeninitiativ immer mehr in die vermeintlich bloß vorbereitenden Phasen der eigentlichen Therapie verlegte: »Auch das Gespräch, das sie während des Massierens mit mir führt, ist nicht so absichtslos, wie es den Anschein hat, es […] läuft oft ganz unerwartet auf pathogene Reminiszenzen aus, die sie sich unaufgefordert abspricht« (Freud, 1895d, S. 108). Indem das ursprünglich nebensächliche Aussprechen vor der Hypnose durch die Patientin entschieden zur Hauptsache der therapeutischen Interaktion umgestaltet wurde, war es für Freud so, »als hätte sie sich mein Verfahren zu eigen gemacht und benütze die anscheinend ungezwungene und vom Zufall geleitete Konversation zur Ergänzung der Hypnose« (Freud, 1895d, S. 108). Hier ist er schon wieder: der Zufall, der Freuds therapeutisches Geschick zu leiten scheint.

In der Folge der offensichtlich beiderseits produktiven therapeutischen Zusammenarbeit kaperte Emmy von N. Freuds therapeutisches Verfahren und herrschte schließlich den nach traditioneller Manier fragenden, in sie dringenden und ihr Druck machenden Freud an einem denkwürdigen 12. Mai mürrisch an, er »solle nicht immer fragen, woher das und jenes komme, sondern sie erzählen lassen, was sie [ihm] zu sagen habe« (Freud, 1895d, S. 116). Spätestens jetzt ist klar: Hier gibt nicht Freud die Regeln vor, sondern Emmy. Das wahrlich Erstaunliche an dieser Stelle aber ist Freuds Reaktion: »Ich gehe darauf ein« (Freud, 1895d, S. 116). Die Bedeutung dieses scheinbar lapidar hingeworfenen Satzes lässt sich schwer überschätzen. Die Rolle des Therapeuten besteht hier nicht etwa darin, eigene therapeutische Intentionen zu verfolgen. Vielmehr geht es darum, eine von allein ablaufende Entwicklung möglichst wenig zu behindern. Indem der Therapeut Freud hier offenbar zumindest kurzzeitig in der Lage ist, eigene Ziel- und Wunschvorstellungen zu suspendieren, kommt er in der Begegnung mit Emmy von N. dem nahe, was er im »Entwurf« als »bloßes Forschen« bezeichnet. Unter dieser Perspektive ist es bemerkenswert, dass Emmy von N. Freud bereits in ihrer ersten Begegnung mit einer für das psychoanalytische Unternehmen und die psychoanalytische Haltung durchaus programmatischen Formel darüber instruierte, wie ihre Behandlung durchgeführt werden solle: »Seien Sie still – reden Sie nichts – rühren Sie mich nicht an!« (Freud, 1895d, S. 100).

Die von Freud seiner Patientin gegenüber eingenommene Haltung markiert eine radikale Umkehrung der am Ende des 19. Jahrhunderts in der Art-Patient-Situation herrschenden Verhältnisse (Foucault, 1969; Lorenzer, 1984). Die Initiative innerhalb des Arzt-Patient-Paares wechselte vom Arzt auf den Patienten über. Über Letzteren wurde nun nicht mehr vom Arzt verfügt, er wurde nicht länger zum mehr oder weniger passiven Objekt einer Behandlung degradiert, sondern gewann die Freiheit, seine Subjektivität und sein Leiden sprechend und handelnd selbst darzustellen. Der Patient hatte sich nicht länger einem vom Arzt vorgegebenen Reglement aus Fragen und Anweisungen einzufügen, sondern erhielt – oder mit Blick auf Emmy von N. könnte man auch sagen: erkämpfte sich – das Recht, zu erzählen, was er oder sie zu sagen hatte. Indem Freud seiner Patientin folgte, räumte er ihr und sukzessive allen weiteren Patientinnen und Patienten der Psychoanalyse das revolutionäre Recht auf freie Selbstdarstellung ein. Die Rolle des Arztes wandelte sich dabei entsprechend von der des aktiven Examinators zu der des passiv-rezeptiven Zuhörers (»Receivers«), der sich zurückhält und der zunächst einmal geschehen lässt – zum Beispiel einen Zufall oder sogar einen Eingriff einer Patientin in sein Verfahren.

Die durch Emmy von N. angestoßenen Entdeckungen wurden von Freud 1892 in der Behandlung von Ilona Weis (»Frl. Elisabeth v. R.«) konsequent weiterverfolgt und führten dazu, dass Freud die hypnotische Suggestion schließlich gänzlich aufgab und sich eine neuartige Methode aneignete. Im von Freud verfassten vierten Kapitel der »Studien«, überschrieben »Zur Psychotherapie der Hysterie«, findet sich als ein Ergebnis dieses Aneignungsprozesses das, was oft als die früheste Formulierung des Prinzips der freien Assoziation angesehen wird: »Sie haben versprochen, alles zu sagen, was ihnen […] einfällt, gleichgültig, ob es ihnen beziehungsvoll erscheint oder nicht, und ob es ihnen angenehm zu sagen ist oder nicht, also ohne Auswahl, ohne Beeinflussung durch Kritik oder Affekt« (Freud, 1895d, S. 280 f.).

Wenn Freud zwei Jahrzehnte nach Erscheinen der Studien die »Geschichte der psychoanalytischen Bewegung« rekonstruiert, wird er rückblickend sagen, er habe sich in der Arbeit mit seinen ersten Patientinnen »einer dunklen Ahnung folgend entschlossen […], die Hypnose mit der freien Assoziation zu vertauschen« (Freud, 1914d, S. 57). Mit Blick auf die verborgenen Erinnerungen seiner Börne-Lektüre können wir zumindest eine Hypothese aufstellen, aus welchem Dunkel Freud die Ahnung aufgestiegen sein mag, der er ebenso bereitwillig und neugierig folgte wie dem Zufall und Emmy. Das Dunkel unseres Seelenlebens erscheint hier nicht nur als ein Gegenstand der Psychoanalyse, sondern auch als eine an der Entwicklung ihrer Methode maßgebliche beteiligte Kraft.

Im Dunkel

Dass sich Freud trotz der optimistischen Bekundungen und vielversprechenden Erfahrungen der »Studien« seines eigenen therapeutischen Verfahrens, welches er seit 1896 selbstbewusst »Psychoanalyse« (Freud, 1896b, S. 379) nennt, alles andere als gewiss war, lässt sich einem Brief an Wilhelm Fließ vom 11. März 1900 entnehmen: »Jeder einzelne der Kranken ist mein Quälgeist, wenn ich nicht heiter und gesammelt bin. Ich glaubte wirklich, ich müßte gleich erliegen. Ich habe mir so geholfen, dass ich auf alle bewußte Gedankentätigkeit verzichtet habe, um nur mit einem dunkeln Takt weiter in den Rätseln zu tappen. Seitdem mache ich die Arbeit, vielleicht geschickter als je, aber ich weiß nicht recht, was ich mache. Ich könnte nicht Auskunft geben, wie die Sache steht. In den Stunden, die ich übrig habe, sorge ich dafür, nicht zur Reflexion zu kommen. Ich überlasse mich meinen Phantasien, spiele Schach, lese englische Romane; alles Ernsthafte bleibt verbannt« (Freud, 1985c, S. 442 f.). Die in der Zusammenarbeit mit Emmy von N. errungene therapeutische Haltung wird hier von Freud radikalisiert: auf alle bewusste Geistestätigkeit und auf alles

Ernsthafte verzichten, bloß nicht zur Reflexion kommen, Fantasieren, Nichtwissen, Orientierungslosigkeit. Der Therapeut und Forscher Freud überlässt sich, wie schon in Emmys Behandlung, dem, was er hier nicht mehr Zufall, sondern einen dunklen Takt nennt.

Im Dunkel, in welches sich der Therapeut Freud in einer interessanten Kombination aus Neugier und Hilflosigkeit eingelassen hat, gibt es, so können wir aus der Fallgeschichte der Emmy von N. auf eindrucksvolle Weise lernen, nur einen Weg, der sich als psychoanalytisch bezeichnen lässt: Das »Problem, wie finde ich weiter, darf es nicht geben. *Der Patient zeigt den Weg«.* So erklärt Freud dem jungen Kollegen Karl Abraham die »Hauptregeln« der psychoanalytischen Praxis und fährt fort: »Der Patient zeigt den Weg, indem er in strenger Befolgung der Eingangsregel (Alles zu sagen, was ihm einfällt) seine jeweilige psychische Oberfläche zeigt« (Freud, 1965a, S. 34; Hervorh. K. R.).

Analyse ist die Reise des Patienten, nicht die des Analytikers. Der von Freud hier begangene Weg scheint weniger auf Klarheit und Einsicht abzuzielen als darauf, sich im Dunkel einzurichten. Freud geht sogar so weit, das Dunkel als Arbeitsgrundlage der Psychoanalyse in sich selbst aktiv herzustellen, indem er sich »bei der Arbeit künstlich abgeblendet habe« (Freud, 1960a, S. 311). Die psychodynamische Arbeit ist dem paradoxen Prinzip »*Einsicht durch Abblendung*« verpflichtet.

»Unter einer Straßenlaterne steht ein Betrunkener und sucht und sucht. Ein Polizist kommt daher, fragt ihn, was er verloren habe, und der Mann antwortet: ›Meinen Schlüssel.‹ Nun suchen beide. Schließlich will der Polizist wissen, ob der Mann sicher ist, den Schlüssel gerade hier verloren zu haben, und jener antwortet: ›Nein, nicht hier, sondern dort drüben – aber dort ist es viel zu finster‹« (Watzlawick, 1983, S. 27). – Der Psychoanalytiker ist kein Polizist, sondern ein Detektiv (Lorenzer, 1985). Psychoanalyse ermöglicht es, den Weg zurück in das Dunkel zu finden, in dem wir etwas verloren haben. Dieser Weg besteht darin, unseren absurd-irrational wirkenden Assoziationen, unseren dunklen Ahnungen und unseren vermeintlichen Zufällen zu folgen.

Freud ringt im Dunkel um die explizite Formulierung einer Methode der therapeutischen Enthaltsamkeit, welche ihm seine Entdeckungen gemeinsam mit Emmy von N. ermöglichte und von der er in der Fallgeschichte des kleinen Hans bemerkt: »Es ist gar nicht unsere Aufgabe, einen Krankheitsfall gleich zu ›verstehen‹, dies kann erst später gelingen, wenn wir uns genug Eindrücke von ihm geholt haben. Vorläufig lassen wir unser Urteil in der Schwebe und nehmen alles zu Beobachtende mit gleicher Aufmerksamkeit hin« (Freud, 1909b, S. 258). Es sind diese Formulierungen, welche Freud im Konzept der gleichschwebenden Aufmerksamkeit zusammenführen und dem psychodynamischen Therapeuten als Arbeitshaltung nahelegen wird.

3.5 Selbstanalyse und Traumdeutung: Freiheit zum Determinismus

In seiner umfangreichen Studie zu Freuds Selbstanalyse sieht Didier Anzieu (1990, S. 512) eines ihrer Ergebnisse darin, dass »die Grundregeln der Kur – freie Assoziation, Abstinenz, gleichschwebende Aufmerksamkeit – […] immer klarer« wurden, wenngleich Freud diese Regeln bis ins Jahr 1912 hinein nicht verbindlich konzeptuell fassen wird. Freuds Selbstanalyse bestand über weite Strecken aus der Analyse seiner eigenen Träume. Die »Traumdeutung« überliefert uns dabei nicht nur einige dieser Träume zusammen mit Freuds Assoziationen und Deutungsvorschlägen, sondern es finden sich darin auch verstreute methodische Reflexionen zur Technik der Traumanalyse.

Da die Rolle, die Freud dem Element des Zufalls innerhalb seiner Erkenntnisstrategie zumisst, bereits gewürdigt wurde, kann es nicht mehr verwundern, dass Freud auch sein *Opus magnum* als etwas begreift, was ihm zugefallen sei: »Die Traumdeutung«, so Freud (1914d, S. 57), »fiel mir zu als Erstlingsfrucht der technischen Neuerungen«, von denen die »Studien über Hysterie« Zeugnis ablegen und deren wichtigstes Ergebnis der schrittweise Übergang von der hypnotischen Suggestion zur freien Assoziation war. Im Zustand, den

Freud bei der Analyse der Träume einzunehmen empfiehlt, »verzichtet man absichtlich und willkürlich auf jede Aktivität und verwendet die ersparte psychische Energie zur aufmerksamen Verfolgung der jetzt auftauchenden ungewollten Gedanken. Man macht so die ›ungewollten‹ Vorstellungen zu ›gewollten‹« (Freud, 1900a, S. 107).

Das Niederhalten jeder Kritik, jeder Voreingenommenheit und jeder Parteinahme führe, so Freud (1900a, S. 536), dazu, dass »mit dem Aufgeben der bewußten Zielvorstellungen die Herrschaft über den Vorstellungsablauf an verborgene Zielvorstellungen übergeht«. Wie im therapeutischen Mechanismus der Einsicht durch Abblendung sind wir hier mit einer paradoxen Struktur konfrontiert: Die angebliche Befreiung der Assoziationen von jeglicher bewusster Einflussnahme führt dazu, dass der Träumer erkennt, in welchen Abhängigkeiten er sich befindet. Eine Erkenntnis, welche bereits Galton bei seinen Assoziationsexperimenten auf der Pall-Mall-Street merklich beunruhigte. Enthalten wir uns des bewussten Verfolgens von Intentionen, so erschließt sich uns gerade nicht unsere Freiheit, sondern unsere Unfreiheit.

Freud geht hier von einem Prinzip aus, welches er »Determinierung im Psychischen« (Freud, 1900a, S. 519) nennt: Verzichten wir auf die bewusste Auswahl und Lenkung unserer Gedanken, also auf das Verfolgen uns bewusster und unser Nachdenken normalerweise beherrschender Zielvorstellungen (wie logische Kohärenz, Nützlichkeit, Unterhaltsamkeit oder moralische Unanstößigkeit), dann wird das, was uns in den Sinn kommt, nicht etwa zufällig, chaotisch und unbestimmt sein, sondern vielmehr determiniert durch das, was Freud hier – möglicherweise etwas unglücklich – mit der Terminologie des »Entwurfs« als unbewusste, verborgene Zielvorstellungen bezeichnet. Das, was auf den ersten Blick wie Chaos und Zufall wirken mag – Träume und Assoziationen –, erweist sich auf den zweiten Blick als streng determiniert und einer latenten Finalität, der Finalität der unbewussten Fantasie und des Wunsches, folgend. Freud, der sich während seiner Entdeckungsreise so oft auf den Zufall berief, glaubt nicht an den Zufall.

Der psychische Determinismus bedeutet konsequenterweise, dass es eine absolut freie Assoziation nicht geben kann. Hier wird besonders deutlich, dass die Spannung innerhalb der Begriffe »freie Assoziation« und »gleichschwebende Aufmerksamkeit« (siehe Kapitel 2) eine methodische ist. Freud (1924f, S. 410) spitzt dies zu der Pointe zu, dass »sich die sogenannte freie Assoziation in Wirklichkeit als unfrei erweisen werde«. Die freie Assoziation ist frei nur, insofern sie eine von der manifesten Finalität bewusst angestrebter Zielvorstellungen freie Assoziation ist. Frei assoziieren bedeutet, sich freizumachen *davon,* bewusste Intentionen zu verfolgen, und sich freizumachen *dazu,* die unbewusste Determiniertheit des Psychischen, die kränkende Tatsache, dass wir »›gelebt‹ werden von unbekannten, unbeherrschbaren Mächten« (Freud, 1923b, S. 251), hervortreten zu lassen.

»Die Psychoanalyse ist […] mißtrauisch« (Freud, 1900a, S. 521). Sie misstraut dem Bekannten und dem Verständlichen, denn sie ist dem Unbekannten und Unbeherrschbaren auf der Spur. Dazu muss sie den konventionellen, durch die Alltagssprache und den gesunden Menschenverstand vermittelten Bedeutungszuschreibungen gegenüber ebenso misstrauisch sein wie den scheinbar selbstverständlichen Differenzierungen in »wichtig« und »unwichtig«. Wenn sich der Analytiker detektivisch auf dem Weg ins Dunkel macht, dann folgt er dem, was Freud (1900a, S. 139 ff.) »Entstellung« nennt und womit er die Tatsache ausspricht, dass das, was wir suchen, eben nicht unter der Laterne zu finden ist. Die gleichschwebend aufmerksame, überall gleichermaßen neugierig suchende, jedes Phänomen gleichermaßen wichtig nehmende Haltung ist einem entstellten Erkenntnisgegenstand angemessen. Mit entstellten Gegenständen haben wir es nach psychoanalytischem Verständnis aber nicht nur bei der Analyse von Träumen zu tun, sondern bei jeglichen manifesten Mitteilungen von Patientinnen und Patienten, sofern wir ihnen immer auch einen latenten Sinngehalt und verborgene Zielvorstellungen unterstellen.

4 Die Praxis der Methode

Die folgenden Überlegungen zentrieren sich vornehmlich um das, was Robert Langs (1981) als die beiden signifikanten Erweiterungen der Freud'schen Grundregeln bezeichnete: Bions *Negative Capability* und Sandlers gleichschwebende Bereitschaft zur Rollenübernahme. Verwiesen sei zudem auf die Überblicke zum Stand der Forschung und Konzeptbildung, welche sich bei Bellak (1961), Mahony (1979), Flader und Grodzicki (1982), Kris (1996) sowie König (2000) finden. Darüber hinaus soll in diesem Kapitel der für die therapeutische Praxis besonders drängenden Frage nachgegangen werden, wie der Übergang von freier Assoziation und gleichschwebender Aufmerksamkeit zum Intervenieren und insbesondere zum Deuten zu bewerkstelligen ist. Abschließend wird es um die Grenzen der psychoanalytischen Methode und um deren tiefenpsychologisch fundierte Anwendung gehen. Doch zunächst ein Beispiel.

4.1 Ein Beispiel: Herr O.

Die Haltung gleichschwebender Aufmerksamkeit erlaubt es, *sämtliche* Botschaften eines Patienten – und dies meint nicht nur alle verbalen, sondern auch para- und nonverbale Äußerungen – im Sinne von »freien Assoziationen« zu verstehen. Eine Mitteilung mit gleichschwebender Aufmerksamkeit als freie Assoziation aufzufassen bedeutet, diese nicht lediglich im Sinne der dem Mitteilenden bewussten Intentionen, sondern auch im Hinblick auf ihre unbewussten Wirkabsichten zu verstehen.

Herr O. kommt sechs Minuten zu spät und etwas verschwitzt zur Analysestunde. Als er sich auf die Couch legt, kommt seinem Therapeuten der Gedanke: »Heute versinkt er ja förmlich in den Kissen.« Dann beginnt Herr O.: »Ich bin noch 'n bisschen außer Atem … wir hatten nämlich grad 'nen riesen Stress mit unsrer Reinmachefrau … die hat so 'n blöden Fleck gemacht auf unsrer großen Kaschmirdecke … war 'n Hochzeitsgeschenk meiner Eltern … ich mag die wirklich gern … obwohl wir sie schon 'n paarmal flicken mussten … aber die ist so weich … erinnert mich an früher und so … irgendwie 'n bisschen wie Ihre Couch … ich arbeite grad echt hart … im Betrieb … versinke in Arbeit … aber bring nichts zustande … fühlt sich an wie 'ne riesen Schlucht, durch die ich durchmuss … mir kommt grad so 'n Einfall: Und am Schluss hoff ich auf 'nen Schatz … oder hoff, in die Annalen einzugehen oder so was … wie die Helden in so 'nem Karl-May-Film … die hab ich früher manchmal mit meinem Vater im Kino gesehen … nur wir zwei …«

Mit Blick auf einen kohärenten, konventionellen Sinn ist der Text, den Herr O. spricht, zunächst unverständlich. Dennoch – oder gerade deswegen – ist er wirksam: An welchen Stellen sind Sie irritiert? Wo »berichtigen« Sie – automatisch oder kritisch prüfend – scheinbare »Fehler« oder »bereinigen« angebliche »Unklarheiten«? Wo zensieren Sie sich? Wo holen Sie die »Ergebnisse« der Psychoanalyse und die psychodynamische Theorie zur Hilfe? Und wogegen sollen sie Ihnen helfen? Was denken, fühlen und fantasieren Sie, wenn Sie sich erlauben, frei assoziierend aufmerksam zu sein?

Das Beispiel verdeutlicht, wie sich Unbewusstes insbesondere in der Logik der Aufeinanderfolge der Assoziationen auf eigentümliche Weise mitteilt. Die auf den ersten Blick zusammenhanglos wirkende Sequenz aus Oberflächlichem, Alltäglichem und scheinbar Irrelevantem (»zu spät/sechs nach/Schweiß« – »liegen/versinken« – »Stress/Fleck« – »reinmachen/rein machen« – »Hochzeit/Geschenk/Eltern« – »mögen/flicken« – »weich/früher/Couch« – »hart/Betrieb« – »versinken/nicht zustande bringen« – »Einfall/Schlucht« – »Annalen/

Schatz« – »Winnetou/Shatterhand« – »Helden/Vater/wir zwei«) scheint ein latentes, von Herrn O. noch nicht in Worte fassbares Anliegen zu umkreisen, in welchem sich mehrere Linien unbewusster Interessen, Begierden und Ängste überschneiden.

4.2 Rahmen: Formulierungen der Regeln

Die Idee der an den Patienten gerichteten Grundregel scheint ebenso einfach wie eine ihrer geläufigsten Formulierungen. »Sagen Sie alles, was Ihnen in den Sinn kommt« (Freud, 1913c; Glover, 1955; Lichtenberg u. Galler, 1987). Eine entsprechend übersichtliche Formulierung der Regel der gleichschwebenden Aufmerksamkeit steht uns derzeit nicht zur Verfügung, was daran liegen mag, dass wir deutlich seltener dazu aufgefordert sind, diese Regel Patienten zu erklären. Für den Austausch unter Kollegen gilt dasselbe, da wir vermeintlich alle wissen, was mit den Grundregeln gemeint ist. Wir laufen dabei Gefahr, etwas durchaus Fragwürdiges unter dem Mantel der Selbstverständlichkeit verschwinden zu lassen. Sollte es sich etwa nicht lohnen, sich über den Wortlaut, das Timing und den Tonfall der den analytischen Rahmen wesentlich mitkonstituierenden Regeln mindestens ebenso viel Kopfzerbrechen zu bereiten, wie wir es habituell über den Wortlaut, das Timing und den Tonfall unserer Deutungen zu tun pflegen?

Die Regeln etablieren und verhandeln
Die Grundregel für den Patienten wird meist am Beginn einer Analyse, oftmals im Umfeld der Einführung des Couchsettings, der Klärung der Termine, des Honorars und der Regelung von Absagen und Urlauben mitgeteilt.

»We can say, for example: ›The treatment consists in your lying on this couch, in the most comfortable and calm attitude possible, and in your trying to say everything that comes to mind, with the greatest freedom and least reserve, trying to be as spontaneous, as free and as sincere as you can.‹ In this way we introduce the fundamental rule and the use of the couch, after which we can speak of timetable and fees« (Etchegoyen, 1991, S. 65).

Derart positioniert kann die Grundregel als Teil des zwischen Therapeut und Patient geschlossenen Arbeitsbündnisses (Greenson, 1965) betrachtet werden. Dies scheint auch die Ansicht des späten Freud zu sein, der im »Abriss der Psychoanalyse« die Formulierung der Grundregel zwar unverändert beibehält, sie jedoch nun im Kontext von Pakt- und Vertragsbildung situiert: »Wir schließen einen Vertrag miteinander: Das kranke Ich verspricht uns vollste Aufrichtigkeit, d. h. die Verfügung über allen Stoff, dem ihm seine Selbstwahrnehmung liefert, wir sichern ihm strengste Diskretion zu und stellen unsere Erfahrung in der Deutung des vom Unbewußten beeinflussten Materials in seinen Dienst« (Freud, 1940a, S. 98).

Präziser formuliert, bestimmen die Grundregeln, was im Rahmen der therapeutischen Zusammenarbeit die Aufgabe des Patienten ist, nämlich frei zu assoziieren, und entsprechend was jene des Therapeuten ist, nämlich gleichschwebend aufmerksam zu sein. Dies entspricht der Aufgaben-Komponente von Ed Bordins (1979) Modell der therapeutischen Allianz, welches diese als zusammengesetzt aus den drei Komponenten therapeutische Aufgaben, therapeutische Ziele und Bindung konzeptualisiert. Die Stärke der therapeutischen Allianz ist nach Bordins Modell neben der Qualität der Bindung abhängig vom Grad der Übereinstimmung zwischen Patient und Therapeut hinsichtlich der Aufgaben und Ziele der Therapie. Insofern die therapeutische Allianz sich als ein entscheidender Wirkfaktor erwiesen hat (Horvath, Del Re, Flückiger u. Symonds, 2011), spricht vieles für eine frühe und transparente Formulierung der Aufgaben des freien Assoziierens und der gleichschwebenden Aufmerksamkeit. Mit Blick auf Letztere werden es dabei vor allem die Folgen der passiv-rezeptiven Haltung des Analytikers sein – seine interaktionelle Zurückhaltung und der Unterschied der psychoanalytischen Kommunikation zur Alltagskonversation –, mit welchen es die Patientin oder den Patienten vertraut zu machen gilt.

Die therapeutische Allianz ist nicht etwas nach anfänglicher Einigung konstant Gegebenes, sondern muss im Laufe einer Therapie immer wieder neu verhandelt werden (Safran u. Muran, 2000). Dies gilt ebenso für die Grundregeln und beinhaltet auch explizit die Möglichkeit, dass diese in verschiedenen Phasen einer Therapie jeweils eine neue, gewandelte Bedeutung gewinnen können (Körner, 1985).

Alles?

Es herrscht keine Einigkeit darüber, was genau Bestandteil der Formulierung sein sollte, mit welcher die Regel der freien Assoziation einem Patienten oder einer Patientin mitgeteilt wird. Reicht ein nebulöses »Sagen Sie hier alles?«, oder ist es möglicherweise doch empfehlenswert, darauf hinzuweisen, was mit dem »alles« gemeint ist? Freud spricht in seinem Formulierungsvorschlag (siehe Kapitel 2) explizit nur von »Einfällen« und »Gedanken«. Die Mitteilung der Grundregel lässt sich aber auch als eine Gelegenheit nutzen, um die Aufmerksamkeit des Patienten explizit auf nicht sprachsymbolisch Gegebenes zu lenken und ihn nicht nur zur Mitteilung von Gedanken, sondern auch von Fantasien, Bildern, Stimmungen, Gefühlen, Körperempfindungen, Handlungstendenzen und/oder Träumen aufzufordern (Lichtenberg u. Galler, 1987). Auch der gleichschwebend aufmerksame Therapeut wird sich nicht nur dazu angehalten sehen, seinen Gedanken innerlich aufmerksam zu folgen, sondern ebenso seinen Körperempfindungen, Fantasien und möglichen Handlungsimpulsen.

Freud wies seine Patientinnen und Patienten nicht nur an, alles zu sagen, sondern er ergänzte diese Anweisung um einen Zusatz: Sie mögen auch und gerade dann sagen, was ihnen durch den Kopf geht, wenn es ihnen 1) allzu unangenehm, 2) unsinnig, 3) allzu unwichtig oder 4) nicht zu dem Gesuchten gehörig erscheine (Freud, 1923a). Er bereitete seine Patienten explizit darauf vor, dass sich ihnen Einwände gegen das Befolgen der Grundregel zeigen werden, und machte sie damit implizit darauf aufmerksam, dass auch diese Einwände wichtiges Material für die Analyse sind. Das Wirksamwerden von Abwehr und Widerstand wird mit einer solchen Formulierung ins Interesse der Patienten gerückt. Die Regel beinhaltet damit auch die Aufforderung, über die eigenen Schwierigkeiten mit der Regel frei zu sprechen. Dies ist eine erkenntnistheoretisch problematische Gedankenfigur, da sie eine unklare Trennung von Objektsprache (eine Regel) und Metasprache (eine Regel über die Regel) vermuten lässt. Ähnliche Fragen stellen sich auch mit Blick auf die Forderung nach gleichschwebender Aufmerksamkeit: Sollen wir mit eigenen Einwänden gegen das Befolgen der Regel zur gleichschwebenden Aufmerksamkeit, also mit Gegenübertragungswiderständen, rechnen? Und sollen wir die Verstöße gegen die gleichschwebende Aufmerksamkeit dann wiederum mit gleichschwebender Aufmerksamkeit registrieren, oder gilt es, sie in anderer Weise zu handhaben?

Vorschrift oder Erlaubnis?

Mindestens genauso interessant wie die Frage nach dem Inhalt der Grundregel ist jene nach der Form, in welcher sie Patientinnen und Patienten mitgeteilt wird: Wird für sie eher eine persönliche (»Ich möchte von Ihnen ...«) oder eher eine aufgabenorientierte Formulierung gewählt (»In der Analyse ist es Ihre Aufgabe ...«)? Und weiterhin: Wird die Regel eher als Verpflichtung (»Sie müssen/sollen ...«) oder eher als Einladung (»Sie können/dürfen ...«) formuliert? Mit diesen Alternativen sind die behandlungstechnisch zentralen Fragen berührt, wie der Therapeut den Rahmen verstehen und wie er sich dazu und darin positionieren möchte: Ist der Rahmen etwas, was dem Patienten im Weg steht und woran er rütteln darf (und vielleicht soll), oder doch eher etwas, was den Patienten auf seinem Weg stützt und schützt? Ist der Therapeut autoritärer Regelgeber oder doch eher freundlich ermunternder Mitarbeiter an der Seite des Patienten?

Freuds eher patriarchalem Tonfall lässt sich zum Beispiel der Formulierungsvorschlag von Thomä und Kächele (1985, S. 234) gegenüberstellen: »Bitte versuchen Sie, alles mitzuteilen, was Sie denken und fühlen. Sie werden bemerken, daß dies nicht einfach ist, aber der Versuch lohnt sich.« Entsprechend könnte ein Therapeut in seinem Handeln von einer impliziten Formulierung der an ihn gerichteten Grundregel ausgehen, welche lautet: »Ich werde versuchen, alles, was geschieht, mit gleicher Aufmerksamkeit wahrzunehmen. Ich weiß, dass dies nicht einfach ist, aber der Versuch lohnt sich.« Auf den ersten Blick erscheint es so, als hätte dieser Therapeut ein weniger strenges analytisches Über-Ich.

Ich möchte Freud, wenn er die Grundregeln explizit nicht als entlastende Erlaubnis, sondern als zu befolgende »Vorschrift« (Freud, 1912e, S. 377; 1913c, S. 468) formuliert, nicht etwa Naivität oder blinden Autoritätsglauben unterstellen, sondern vielmehr Methode. Eine Vorschrift appelliert an jene prüfende Instanz, die Freud Über-Ich nannte: Wenn man es in der Therapie »richtig machen«, also ein »guter Patient« bzw. ein »guter Therapeut« sein will, müsste man sich dann nicht selbst hinsichtlich der vorschriftsmäßigen Einhaltung der entsprechenden Grundregel fortwährend kritisch überwachen? – Eine Vorschrift, die nun aber verlangt, ausgerechnet alles kritische Prüfen auszuschalten, richtet sich letzten Endes gegen sich selbst. Die Grundregeln sind paradox-selbstironisch, indem sie mit aller Autorität darauf verpflichten, keiner Autorität zu folgen. Die emanzipatorische Pointe dieser Form der Ironie ist offensichtlich: Je autoritärer die Grundregeln formuliert werden, desto mehr befreien sie uns – Therapeuten und Patienten – von der Tyrannei des »Richtig« und »Falsch«.

Werden freie Assoziation und gleichschwebende Aufmerksamkeit in die Form von Regeln gefasst, die ihre eigene Autorität untergraben, so ist damit der utopische Charakter der verlangten Ideale, also die reale Unerfüllbarkeit der gemachten Forderungen, bereits mitgedacht: Es ist letztendlich dauerhaft ebenso unmöglich, ohne jegliche selbstbeschränkende Zensur zu assoziieren, wie in vollkommener passiver Rezeptivität alles gleichermaßen offen und ohne Auswahl wahrzunehmen. Die freien Assoziationen werden sich immer wieder an Widerstandsformationen verfangen, und die gleichschwebende Aufmerksamkeit wird sich immer wieder niederlassen und dem synthetischen oder hypothesenprüfenden Denken weichen. Das den Grundregeln eingeschriebene Abstinenzprinzip entfaltet seine methodische Wirkung hier – anders als vielleicht auf den ersten Blick ersichtlich – nicht als ein Prinzip des Zwangs und der Einschränkung, sondern als ein Prinzip der Freiheit: *Die Regeln der freien Assoziation und der gleichschwebenden Aufmerksamkeit wollen (und können) nicht sklavisch eingehalten werden, sondern sie wollen neugierig machen auf das, was gegen sie verstößt.*

Die Grundregeln sind nützlich, indem sie jenen Hintergrund bilden, vor welchem die Gegenstände der gemeinsamen therapeutischen Arbeit sichtbar werden können (Körner u. Rosin, 1985). Diese Funktion können sie umso besser erfüllen, je schärfer sie den Kontrast zwischen »regelkonformem« und »regelwidrigem« Verhalten stellen und so die Sphäre des »Regelwidrigen«, also die Sphäre von Widerstand und Gegenübertragungswiderstand, überhaupt erst definieren. Die emanzipatorische Idee der Grundregeln verfolgt nicht das Ziel, das »regelwidrige« Erleben und Verhalten – Widerstand und Gegenübertragungswiderstand – zu regulieren und zu unterdrücken, sondern es hervortreten zu lassen, um sich ihm neugierig zuzuwenden. Die Grundregeln enthalten einen bemerkenswerten methodischen Kunstgriff: Wir verpflichten unsere Patienten, *alles* – alle Gedanken, Gefühle, Fantasien, Körperempfindungen, Handlungsimpulse – auszusprechen, welche ihnen durch Kopf und Gemüt gehen, damit das, was sie *nicht* sagen, dadurch umso deutlicher hervortreten kann. Wir verpflichten uns, *keine* Absichten und Ziele gegenüber unseren Patienten zu verfolgen, damit wir uns zu interessieren beginnen für *jede* Form der Verwicklung, in welche wir uns unweigerlich immer wieder verstricken werden.

Die Grundregeln lassen Widerstände gegen die freie Assoziation und Gegenübertragungswiderstände gegen die gleichschwebende Aufmerksamkeit sichtbar werden, können aber natürlich auch selbst im Sinne eines Widerstands bzw. eines Gegenübertragungswiderstands verwendet werden. Bereits Ferenczi (1918/1964, S. 38 f.) beschrieb unter der Überschrift »Mißbrauch der Assoziationsfreiheit«, wie zwangsneurotische Patienten die Grundregel oft unbewusst derart missverstehen, nicht auch das Sinnlose, sondern nur Sinnloses mitzuteilen, um ihren Analytiker damit ad absurdum zu führen und sich zugleich unschuldig darauf berufen zu können, doch lediglich das zu tun, was von ihnen verlangt wurde. Auf der anderen Seite kann auch ein Therapeut seine Aufmerksamkeitsfreiheit dazu missbrauchen, systematisch nicht bei seinem Patienten zu sein, sondern sich »gleichschwebend« davontragen zu lassen (zu Wochenendeinkäufen oder interessanten Fragen der psychoanalytischen Theorie) und sich zugleich unschuldig darauf berufen zu können, dass er seine Aufmerksamkeit ja nicht aktiv regulieren solle. In beiden Fällen wird die jeweilige Grundregel nicht mehr als ein Instrument der Emanzipation, sondern als eines der Verantwortungsabgabe verwendet.

4.3 Haltung: Aufnahme- und Reaktionsbereitschaft

Machen oder lassen?
Wenn Freud dem Therapeuten vorschreibt, er solle zum Erreichen gleichschwebender Aufmerksamkeit »wie absichtslos« (Freud, 1912e, S. 380) verfahren, sich »seiner eigenen unbewußten Geistestätigkeit überlassen, Nachdenken und Bildung bewußter Erwartungen möglichst vermeiden [und] nichts von dem Gehörten sich besonders im Gedächtnis fixieren« (Freud, 1923a, S. 215), dann fällt auf, dass es sich hierbei um eine Reihe von negativen Ratschlägen handelt, welche dem Therapeuten lediglich sagen, was er *nicht* zu tun habe. Diese negative Formulierung mag literarisch reizvoll sein, aber als Handlungsanweisung wirkt sie auf den lernenden und praktizierenden Therapeuten doch eher frustrierend. Freud gibt hier eine Logik vor, welche quersteht zu der konventionellen Vorstellung, dass eine Fähigkeit zu lernen bedeuten würde, etwas *dazuzulernen*. Doch erinnern wir uns an die Mahnung Börnes, man habe »nichts zu lernen, sondern zu verlernen, sich nichts anzueignen, sondern zu entäußern« (Börne, 1823/1911, S. 357; siehe Kapitel 3.1). Die Fähigkeit zur gleichschwebenden Aufmerksamkeit ist eine Fähigkeit zum Weniger. Wilfred Bion (1970) nennt sie daher auch eine *Negative Capability*. Ein Begriff, den Bion nicht etwa aus der Therapietheorie entlehnte, sondern aus der Poetologie des früh

verstorbenen englischen Romantikers John Keats. Dieser prägte den schillernden Terminus in einem im Dezember 1817 geschriebenen Brief an seine Brüder Tom und George, um zu beschreiben, was einen bedeutenden Dichter ausmache. Damit kehrt Bion in jene poetische Traditionslinie der Therapeutik zurück, aus der Freuds Überlegungen zu freier Assoziation und gleichschwebender Aufmerksamkeit ihren jugendlichen Ausgang genommen hatten (siehe Kapitel 3.1).

Bei Keats heißt es: »*Negative Capability,* that is when man is capable of being in uncertainties, Mysteries, doubts, without any irritable reaching after fact & reason« (Keats, 1958, S. 193). Das Vermögen, Unsicherheiten, Geheimnisse und Zweifel zu ertragen, ohne sofort nervös nach Fakten und Vernunftgründen zu greifen, impliziert für den Therapeuten ein Weniger-ist-mehr, ein Sichzurücklehnen und eine *Logik des Lassens* (Rugenstein, 2015). Diese stellt eine Gegenbewegung dar zur verbreiteten Logik des therapeutischen Machens und Intervenierens, welche auf Grundlage einer Diagnostik, deren Ergebnis durch das Anfügen eines großen »G« an den entsprechenden Diagnosecode in einer für alle Beteiligten beruhigenden Weise als »gesichert« dokumentiert wird (DIMDI, 2019, S. 4), einen Behandlungsplan erstellt, der dann in einer richtlinienkonformen Therapie unter manualisierter Anwendung evidenzbasierter Methoden umgesetzt wird und zu messbaren Resultaten führt. Freud (1937c, S. 75) setzt dem die provokante Forderung entgegen, dass Therapie »›in der Versagung‹ durchgeführt werden soll«. Er bestimmt den therapeutischen Raum, das, worin die Therapie stattfindet, damit als einen negativen, als einen Raum, der dadurch gekennzeichnet ist, dass darin etwas fehlt, uneingelöst und unerfüllt bleibt. Mit der Metapher des Telefonierens legte Freud dem Therapeuten nahe, er möge aufnahme- und empfangsbereit bleiben. Man könnte auch sagen, seine Leitung soll offen und nicht besetzt sein.

Ein schönes Beispiel für *Negative Capability* liefern die dem Zen-Buddhismus ebenso wie dem Alkohol zugetanen Protagonisten von Wladimir Schinkarjows Dichtung »Maxim und Fjodor«, von denen folgender Vorfall berichtet wird:

»Einmal fragte Maxim Pjotr, worin seiner Meinung nach der Sinn des Zen bestehe.
›Zen‹, sagte Pjotr, der elegante, aber nicht sehr tiefsinnige Vergleiche liebte, ›das ist die Fähigkeit, mit einer Viertelliterflasche Wodka zwei ganze Wassergläser zu füllen.‹
›Mit einer leeren‹, fügte Wassili hinzu.
Maxim richtete den Blick auf Fjodor.
›Und den Wodka nicht zu trinken‹, sprach Fjodor.
Maxim nickte zufrieden und sagte: ›Und ihn nicht in Gläser zu füllen‹« (Schinkarjow, 1998, S. 23).

Die Logik des Lassens befreit den Therapeuten zum Loslassen seines konzeptuellen Bezugsrahmens aus Metapsychologie und klinischer Theorie, zum Loslassen seiner inneren Objekte und seiner Verpflichtungen, das Gespräch in Gang oder festhalten zu müssen. Zugleich ermöglicht sie ihm, zuzulassen, dass das Unbewusste des Patienten sein eigenes Unbewusstes beeinflusst. Für die Logik des Lassens ist eine Haltung träumerischer Gelöstheit *(rêverie)* und geistesgegenwärtiger Überraschungsbereitschaft charakteristisch, für welche Bion (1970, S. 129) die Formel fand: »*No* memory, desire, understanding« (siehe Abbildung 2).

(a) Die »Logik des Machens« sichert ab gegen Unbekanntes.

Abbildung 2 (a | b): Auswirkung der Grundregeln auf die Haltung von Patient und Therapeut.

Weil diese Formel Bions unter psychodynamischen Therapeutinnen und Therapeuten zum geflügelten Wort geworden ist, bedarf es ein wenig Arbeit, um sich das Verunsichernde und Verstörende dessen vor Augen zu führen, was es bedeutet, sich von Erinnerung, Wunsch und Verstehen zu befreien. Bion meint damit nicht etwa, man dürfe auch mal nachlässig sein und auch mal etwas vergessen – »forgetting is […] just as bad as remembering« (Bion, 1965/2018, S. 5) –, sondern er verlangt vielmehr, sich diszipliniert und aktiv von der Gewohnheit zu lösen, sich erinnern zu wollen und etwas zu wünschen, solange man der analytischen Arbeit nachgeht. »Jedem«, schreibt Bion (1970/2006, S. 40), »der sich zu merken pflegt, was Patienten sagen, und sich wünscht, daß es ihnen gut geht« – und hier werden sich möglicherweise einige angesprochen fühlen –, »wird es schwerfallen, sich vorzustellen, daß *jede* Erinnerung und *jeder* Wunsch die analytische Intuition unweigerlich beeinträchtigt.« Bion setzt hier die Tradition Freuds fort, der zur künstlichen Selbstabblendung und dazu riet, sich ums Zuhören anstatt ums Merken zu kümmern und folglich auf Mitschriften und Protokolle zu verzichten (Freud, 1912e).

(b) Die »Logik des Lassens« eröffnet Raum für Überraschendes.

In einem Vortrag, den er vor der British Psychoanalytical Society hielt, gab Bion eines seiner raren klinischen Beispiele: »Now, I want to give as my clinical example, the session that you are going to have tomorrow with your patient. That is to say, a session that has not taken place. Which means that we all start fair« (Bion, 1967/2018, S. 19). Im Unterschied zu gängigen Fallvignetten gibt uns dieses Beispiel nichts, woran wir uns *erinnern,* nichts, was wir *verstehen,* und nichts, wovon wir uns *wünschen* können, es auch einmal so gut zu machen wie der Autor, sondern es nimmt uns an die Hand und führt uns ins Freie.

Erinnern und Verstehen errichten eine Barriere gegen das Unbekannte, welches – von Bion in seiner Quasimathematik mit der Variablen »O« bezeichnet – der einzige Gegenstand sei, für den sich die Psychoanalyse interessiere. Um sich für das Unbekannte zu öffnen, darf jede psychoanalytische Sitzung »weder eine Geschichte noch eine Zukunft haben« (Bion, 1967/1991, S. 22), es geht einzig und allein um das tatsächliche Geschehen im Hier-und-Jetzt. Wenn der Psychoanalytiker glaubt, er hätte »einen Patienten schon einmal gesehen, behandelt er den falschen Patienten« (S. 24). Es geht Bion hier offenbar um die Frische und Dunkelheit einer analytischen Erfahrung, die noch nicht von gewussten, verstandenen und erinnerten analytischen Resultaten erhellt und erschöpft ist. Darum also, die analytische Methode entgegen der Versuchung, sie endgültig zu besitzen, *lebendig* zu erhalten.

Arbeiten oder spielen?
Neben der von Bion kreativ weitergeführten Idee der Aufnahmebereitschaft legte Freud dem Therapeuten in der Telefonmetapher nahe, er möge sich (bzw. sein Unbewusstes) durch das vom Patienten Gesendete anregen lassen. Zusätzlich zur Aufnahmebereitschaft ist damit eine Anregungs- und Reaktionsbereitschaft des Therapeuten angesprochen.

Diese Facette wurde von Joseph Sandler (1976) aufgegriffen, indem er Freuds gleichschwebende Aufmerksamkeit um die Forderung nach einer »gleichschwebenden Bereitschaft zur Rollenübernahme« erweiterte und die Übertragungs-Gegenübertragungs-Beziehung in diesem Zusammenhang als ein Rollenspiel konzeptualisierte. Dieses funktioniere derart, »daß die Rollenbeziehung des Patienten innerhalb der Analyse zu jedem beliebigen Zeitpunkt aus einer Rolle, die er sich selbst zuweist, und einer komplementären Rolle, die er dem Analytiker zu diesem Zeitpunkt zuweist, besteht. Die Übertragung würde demnach einen Versuch des Patienten darstellen, von sich aus zwischen sich und dem Analytiker eine Interaktion, eine Wechselbeziehung durchzusetzen« (Sandler, 1976, S. 300). Aufgabe des Therapeuten ist es, sich innerlich von den Rollenangeboten des Patienten anregen zu lassen. Dabei ist es wichtig, dass er über die Möglichkeit verfügt, einer Vielzahl von unterschiedlichen Rollenangeboten gegenüber gleichermaßen – gleichschwebend – resonant zu sein und diese innerlich annehmen zu können. Damit dies gelingen kann, muss er sich einer kritischen Prüfung der ihm angebotenen Rollen an der vermeintlichen Realität seiner eigenen Person enthalten können.

In Sandlers Rollenspielmodell wird die analytische Situation zur Bühne, welche jenen Spiel-Raum der Akzeptanz für das Infantile, Lächerliche, Unsinnige und Perverse eröffnet, der Voraussetzung ist, damit Patienten spielerisch frei assoziieren können und damit Therapeuten es sich erlauben können, ihre Aufmerksamkeit in spielerischer Art und Weise schweben zu lassen. Hier kommt Donald Winnicotts (1973, S. 49) bedenkenswerte Definition dessen, was Therapie ist, in den Sinn: »Psychotherapie geschieht dort, wo zwei Bereiche des Spielens sich überschneiden: der des Patienten und der des Therapeuten. Psychotherapie hat mit zwei Menschen zu tun, die miteinander spielen.« Die beiden Bereiche des Spielens sind die Bereiche von freier Assoziation – das (Rollen-)Spiel des Patienten – und gleichschwebender Aufmerksamkeit – die (Mit-)Spielbereitschaft des Therapeuten. Es erschiene vor diesem Hintergrund angemessen, die etwas staubige Arbeitsmetaphorik, die dieses Bändchen in seinem Untertitel führt, zu korrigieren und nicht vom Arbeiten, sondern vom Spielen mit der psychoanalytischen Methode zu sprechen oder gar davon, *sich von der psychoanalytischen Methode zum Spielen bringen zu lassen.*

»Dort, wo Spiel nicht möglich ist«, so Winnicott (1973, S. 49), sei es Aufgabe der Therapie, »den Patienten aus einem Zustand, in dem er nicht spielen kann, in einen Zustand zu bringen, in dem er zu spielen imstande ist«. Neben dem Mitspielen, also der gleichschwebenden Aufmerksamkeit, ist es eine wichtige Aufgabe des Therapeuten, die Spielbereitschaft und -fähigkeit des Patienten, also seine Bereitschaft und Fähigkeit zur freien Assoziation, anzuregen und zu fördern. Spätestens mit dieser Aufgabe gelangen wir vom Bereich der therapeutischen Haltung in jenen des therapeutischen Handelns.

4.4 Interventionen: Wege zur Deutung

Weder Freud noch Bion meinten, dass es die Aufgabe von Therapeutinnen und Therapeuten sei, dreihundert oder mehr Stunden in passiver Rezeptivität zu verharren. Unter der Überschrift des Intervenierens sollen zwei Fragen adressiert werden: Wie können Therapeuten das freie Assoziieren des Patienten nicht nur zulassen, sondern fördern? Und: Wie gelangt man als Therapeut oder Therapeutin aus der Haltung gleichschwebender Aufmerksamkeit hin zur Formulierung einer Deutung?

Die freie Assoziation fördern

Im Gegensatz zu stark strukturierenden therapeutischen Techniken lassen sich auch solche Interventionen denken, die nur minimalstrukturierenden Charakter haben und die Patientinnen und Patienten zu nichts anderem auffordern als dazu, weiter zu assoziieren.

Zehn Interventionen, die die freie Assoziation fördern:
1. »Hm.«
2. »Hm?«
3. »Hm-hm.«
4. »Mhmm.«
5. »Hmmm.«

6. »«
7. »Kommen Ihnen noch andere Gedanken?«
8. »Was fällt Ihnen dazu ein?«
9. »Erzählen Sie mir mehr davon.«
10. »Nur wir zwei?« (anknüpfend an das Beispiel auf S. 43)

Erfahrene Therapeuten verfügen oft über die Fähigkeit, ein sehr großes Spektrum an emotionalen und kommunikativen Nuancen allein durch die unzähligen Varianten und Modulationen, mit denen man die Partikel »hm« äußern kann, zum Ausdruck zu bringen (die Interventionen 1 bis 5 stellen eine kleine Auswahl dar). Das analytische Schweigen (Intervention 6) kann sehr verschiedene Qualitäten haben und stellt die der Logik des Lassens am offensichtlichsten zuzuordnende Form des Intervenierens dar, wobei es erfahrungsgemäß oft einer aktiven Anstrengung bedarf, an der passenden Stelle das verbale Handeln zu unterlassen. Therapeuten sind dazu eingeladen, ihre Patienten im Laufe der Therapie an die Grundregel zu erinnern und sie somit zum Assoziieren aufzufordern (Interventionen 7 bis 9).

Eine weitere Interventionsmöglichkeit könnte man als Paraphrasieren mit einem kleinen Extra bezeichnen (Intervention 10): Ein – scheinbar selbstverständliches – Element des vom Patienten Gesagten wird in neugierig-fragendem Tonfall wiederholt, um zu sagen: »Oh, das verstehe ich noch nicht, erzählen Sie mir mehr davon und was Ihnen dazu noch einfällt.« Wenn der Therapeut am Ende des Beispiels von Herrn O. (Kapitel 4.1) intervenieren wollte, dann könnte er möglicherweise Herrn O.s Worte aufgreifen und sagen: »Nur wir zwei?« Dies wäre an dieser Stelle eine vergleichsweise kunstvolle Intervention, da damit nicht Eindeutigkeit hergestellt, sondern Mehrdeutigkeit eröffnet wird, indem der von Herrn O. manifest geäußerte Inhalt »die hab ich früher manchmal mit meinem Vater im Kino gesehen … nur wir zwei« dadurch, dass der Therapeut ihn scheinbar lediglich wiederholt, eine weitere, bei Herrn O. im Umfeld der Assoziationen »Winnetou/Shatterhand – Vater – Couch« möglicherweise latent umkreiste Bedeutungsnuance bekommt, nämlich die der Übertragungsbedeutung. In diesem Kontext würde die Intervention »Nur wir zwei?« damit nicht nur zu weiteren Assoziationen einladen, sondern sie könnte auch als eine recht ökonomische Variante einer Deutung verstanden werden.

Patience ↔ Security

Freud (1912e, S. 380) empfahl dem Analytiker, sich »nach Bedarf« aus der analytischen, zergliedernden Einstellung in die synthetische, zusammensetzende »zu schwingen«. Er solle das durch freie Assoziation und gleichschwebende Aufmerksamkeit gewonnene Material jedoch erst dann »der synthetischen Denkarbeit […] unterziehen, nachdem die Analyse abgeschlossen ist«. Obgleich aus dem Kontext deutlich wird, dass Freud hier nicht etwa den Abschluss der Stunde, sondern den der gesamten Behandlung eines Patienten im Auge hatte, wurde Freuds Bild des Schwingens in die analytische Stunde hineinverlagert und »die fortwährende Oszillation zwischen freiem Spiel der Phantasie und kritischer Prüfung« (Ferenczi, 1918/1964, S. 54) zur Aufgabe des Psychoanalytikers erklärt. Damit verlören freie Assoziation und gleichschwebende Aufmerksamkeit ihren Status als Grundregeln und würden lediglich zu einem Moment eines therapeutischen Prozesses, welcher wechselt zwischen »absichtslos offenem Zuhören und Aufnehmen einerseits und dem fokussierten Aufbau hypothetischer Ordnungen des Materials andererseits« (König, 2000, S. 23).

Versucht man, gegen eine Kritik der gleichschwebenden Aufmerksamkeit als »überbewertet und idealisiert« (König, 2000, S. 26) deren Status als Grundregel lebendig zu erhalten, dann scheinen Deutungen – anders als ein Schweigen oder ein kauziges »hm« – in einen offenen Widerspruch zu freier Assoziation und gleichschwebender Aufmerksamkeit zu geraten. Zu deuten scheint vorauszusetzen, dass der Therapeut eine Entscheidung zugunsten der Wichtigkeit eines gedeuteten Inhalts getroffen hat und dass der Patient mit der Deutung angehalten wird, sich nunmehr mit dem in der Deutung Formulierten zu beschäftigen und nicht mit dem, was ihm gerade spontan in den Sinn kommt. Christopher Bollas (2006) spitzte ähnliche Überlegungen polemisch zu der These zu, Übertragungsdeutungen seien ein Widerstand gegen die freie Assoziation. Das vorangegangene Beispiel (»Nur wir zwei?«) deutete jedoch bereits an, dass die Verhältnisse ganz so polar nicht zu sein scheinen.

Es geht auf dem analytischen Weg nicht darum, aktiv das Ziel einer Deutung zu verfolgen, sondern darum, sich zur Deutung gelangen zu lassen. Teil der Logik des Lassens ist damit auch die Fähigkeit, das Lassen lassen zu können. An dieser Stelle wird die Bedeutung einer »gleichschwebenden Reaktionsbereitschaft« (Sandler, 1976) oder einer »gleichschwebenden Schlagfertigkeit« (Rugenstein, 2018) besonders deutlich: Gleichschwebende Aufmerksamkeit soll den Analytiker gerade nicht zu defensiver Passivität drängen (weil jede Aktivität ein Agieren, ergo ein »Fehler« sein könnte), sondern soll ihn offen halten für die Spontaneität des im gegenwärtigen Moment Auftauchenden.

Ohne dabei den Status gleichschwebender Aufmerksamkeit als Grundregel psychoanalytischer Praxis zu relativieren, entwickelte Bion (1970) Überlegungen dazu, wie der Analytiker aus einem Zustand ohne Wunsch, ohne Erinnern und ohne Verstehen dazu kommt, eine Deutung zu formulieren. Sich nicht an das zu klammern, was man weiß, sondern sich dem Unbekannten auszusetzen, erzeuge einen inneren Zustand, den Bion »Geduld« *(patience)* nennt. Dieser ist gekennzeichnet durch Frustration und Schmerz aufgrund der Abwesenheit, die ein Charakteristikum der Sphäre des Negativen bildet, in welche gleichschwebende Aufmerksamkeit Therapeuten unweigerlich hineinführt. Um die Abwesenheit eines Musters, einer Deutung oder eines guten Theorieobjekts erdulden zu können, wird hier vom Therapeuten ein gewisses Maß Frustrationstoleranz verlangt. Der Zustand der Geduld geht einher mit dem Erleben von Desintegration und Auflösung und ist ein nichtpathologisches Analogon zur paranoid-schizoiden Position (PS). Bion legt dem Therapeuten nahe, diesen Zustand – ohne alles nervöse Greifen nach Fakten und Vernunftgründen – so lange zu wahren, »bis ein Muster ›evolviert‹« (Bion, 1970/2006, S. 142).

Es scheint hier ein gewisses Vertrauen, einen Glauben *(act of faith)* darin zu geben, dass ein solches Muster nicht aktiv vom Therapeuten hergestellt oder fokussiert werden müsse, sondern dass es »aus der Dunkelheit und Formlosigkeit« von sich her auftauchen und sich zeigen werde (Bion, 1967/1991, S. 23). Ähnliches deutet Freud (1912e, S. 378) an, wenn er vom »unbewussten Gedächtnis« spricht, dem sich der gleichschwebend aufmerksame Analytiker überlassen, ergo: auf dessen Wirksamkeit er vertrauen solle. Bion (1962, S. 72) spricht – mit einem diesmal nicht aus der Poetik, sondern aus der Philosophie der Mathematik entlehnten Konzept – vom sogenannten »selected fact«, dessen Auftauchen mit der emotionalen Erfahrung einhergehe, Kohärenz zu entdecken, und dazu führe, dass sich Verstreutes, Unbekanntes und Unverstandenes spontan zu einem Muster zusammenfüge. Mit Argelander (1979) könnten wir auch sagen, dass sich das latente, unbewusste Thema der Stunde nach Gestaltprinzipien konstituiert. Der *Selected Fact* ist folglich kein vom Therapeuten oder von der Therapeutin absichtlich ausgewählter, sondern vielmehr ein sich selbst auswählender Fakt.

Den Zustand, in welchem eine Gestalt oder ein Muster auftaucht, nennt Bion (1970) schließlich »Sicherheit« *(security)*. Er geht einher mit dem Gefühl von Geborgenheit, gelinderter Angst, dem Erleben von (Re-)Integration und stellt ein Analogon zur depressiven Position (D) dar. Bion ist der Überzeugung, dass »kein Analytiker davon ausgehen [darf], daß er die zur Formulierung einer Deutung notwendige Arbeit geleistet hat, solange er nicht beide Phasen – ›Geduld‹ und ›Sicherheit‹ – durchlaufen hat« (Bion, 1970/2006, S. 142). Die analytische Arbeit kann in diesem Modell als ein Oszillieren zwischen »Geduld« und »Sicherheit« verstanden werden (siehe Abbildung 3).

Eine solche Konzeption ist in zweierlei Richtungen akzentuierbar. Sie kann verstanden werden als getragen von der romantischen Hoffnung, dass sich am Ende eben doch alles von ganz allein zu Schönheit, Harmonie und Zusammenhang fügen werde. Die dialektische Spannung zwischen Geduld (PS) und Sicherheit (D) würde dann dadurch aufgelöst, dass Geduld nur eine Zwischenstation auf dem

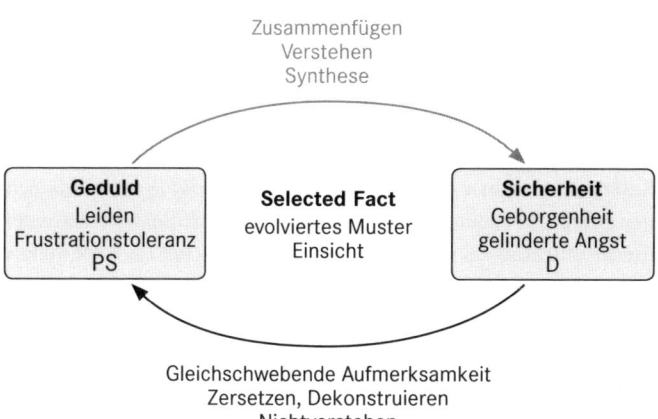

Abbildung 3: Der Weg der Analyse: Der Analytiker folgt dem unteren, schwarzen Pfad der Abbildung im Glauben daran, dass die synthetische Bewegung des oberen, grauen Pfads sich immer wieder von allein und ohne sein Zutun vollzieht.

Weg zur endgültig sich einstellenden Sicherheit sei (der obere Pfad in Abbildung 3). Die andere Lesart macht das Verunsichernde stark und sieht den Motor der analytischen Bewegung darin, sich nicht im Zustand der Sicherheit bequem einzurichten, sondern sich immer wieder in den der Geduld zurückzuschwingen (der untere Pfad in Abbildung 3). Der Anspruch der analytischen Methode wäre es dann, nicht an einmal gewonnenen Einsichten festzuhalten, sondern diese immer wieder aufs Neue loslassen zu können und zu dekonstruieren.

Die analytische Methode lässt sich in diesem Sinne auch als »assoziativ-dissoziative Methode« beschreiben (Laplanche, 1998). Sie lässt durch *Assoziation* verstreuter, unverbundener Elemente Muster auftauchen. Aber zugleich löst sie etablierte Muster immer wieder durch *Dissoziation* verbundener Elemente auf, indem sie gewohnte, alltagssprachlich vermittelte Bedeutungen wegnimmt. Der von Freud als *per via di levare* beschriebene analytische Weg und das entsprechende Prinzip des Hervorbringens durch Wegnehmen (siehe Kapitel 1) lassen sich aufs therapeutische Intervenieren übertragen: *Interventionen sollen nichts hinzutun (Bedeutung, Beruhigung oder Rat), sondern etwas wegnehmen. Die analytische Methode gibt uns den Mangel an Unterstützung, den wir brauchen, um ins Freie zu gelangen.*

Die Funktion einer analytischen Deutung changiert im Spannungsfeld zwischen Zusammenhang herstellender Synthese, die wir gewöhnlich »Verstehen« nennen, und Zusammenhang auflösender Analyse, die man »Zerstehen« nennen könnte. Es stellt sich mithin die Frage, ob wir »Deutung« in Abbildung 3 eher auf dem oberen oder auf dem unteren Pfad verorten wollen. Die Grundregeln legen uns nahe, Deuten nicht als »Aus-deuten, Auslegen, Interpretieren« zu verstehen, sondern als »An-deuten«: Es geht dann in der Deutung gerade nicht darum, aktiv den einen geheimen Sinn zu erraten und somit Eindeutigkeit und Sicherheit herzustellen, sondern darum, auf Mehrdeutigkeit hinzuweisen und aus der sekundärprozesshaften Ordnung vermeintlicher Eindeutigkeiten und Selbstverständlichkeiten zu befreien. Das analytische Unternehmen ist nicht nur bei Bion, sondern bereits bei Freud von dem Glauben getragen, dass sich das Auftauchen von Mustern, das Zusammenfügen verstreuter Elemente und letztendlich auch die »Psychosynthese [bei dem analytisch Behandelten] ohne unser Eingreifen, automatisch und unausweichlich« vollziehen (Freud, 1919a, S. 186) und damit nicht mehr in den genuinen Zuständigkeitsbereich des Analytikers fallen. So wie Freud dem gleichschwebend aufmerksamen Therapeuten in der Telefonmetaphorik nahelegte, er möge sich anregen lassen von den Wellen des Patienten, so scheint es auch eine zentrale Funktion der analytischen Deutung zu sein, nicht etwas zusammenzufassen und festzustellen, sondern vielmehr unsere Patientinnen und Patienten anzuregen oder, um es mit einer Formulierung Lacans (1976) zu sagen, ihrerseits Wellen zu schlagen. *Eine Deutung soll nicht die Rätsel des Patienten lösen, sondern seine Zunge.*

4.5 Das Problem der äußeren Realität und die tiefenpsychologische Anwendung der psychoanalytischen Methode

Werden sie konsequent verfolgt, dann geraten die Prinzipien der freien Assoziation und der gleichschwebenden Aufmerksamkeit früher oder später in Konflikt mit der äußeren Realität. Nur sehr wenige Patienten sind bereit und können es sich erlauben, sich auf eine ziellose Entdeckungsreise ins Dunkel einzulassen, von Kostenträgern fremdfinanzierter Psychotherapien ganz zu schweigen. Dem Ideal der »strengen, der tendenzlosen Psychoanalyse« (Freud, 1919a, S. 194), in welcher Analysand und Analytiker »unbekümmert um das Ergebnis« (Freud, 1900a, S. 527) arbeiten können, steht die Forderung nach der Bindung an Vorgaben wie Wirtschaftlichkeit, Notwendigkeit und Zweckmäßigkeit einer therapeutischen Maßnahme (SGB V § 12) gegenüber. Die Idee einer Ulyssesfahrt, die keine Um-, Ab- und Irrwege scheut, kollidiert mit der realen Forderung nach Ziel- und Zeitbegrenzung. Dem von Freud angedeuteten und von Bion radikalisierten Verzicht auf Erinnerung und folglich auch auf Aufzeichnungen steht die berufsrechtliche Dokumentationspflicht gegenüber. Nicht alle Therapeuten und Therapeutinnen werden Bion in der Ansicht folgen, der Analytiker sei »verpflichtet [...] auf Risiken, die ihm persönlich drohen mögen, keine Rücksicht zu nehmen«, und daher in der konsequenten Anwendung der Grundregeln auch dazu frei, von Dingen nichts zu wissen, die ein Gericht für wichtig halten würde und deren Kenntnis es als Bestandteil psychotherapeutischer Sorgfaltspflicht voraussetzt (Bion, 1970/2006, S. 61).

Darüber hinaus gerät eine Psychoanalyse, deren Methode bestrebt ist, »Resultate« nicht herzustellen, sondern aufzulösen, in Opposition zu einer auf Resultate, Befunde und Ergebnisse ausgerichteten Forschungstradition. Die psychoanalytische Methode verlangt es, sich der »populären Meinung« (Freud, 1905d, S. 73) nicht einfach anzuschließen und die gängigen Kriterien nicht bereitwillig zu bedienen, sondern diese vielmehr neugierig zu hinterfragen. Eine Psychoanalyse, die in Zeiten äußerer Realität und damit auch – ob sie es mag oder nicht – »in Zeiten evidenzbasierter Medizin« (Steinert u. Leichsenring, 2016) stattfindet, wird sich, wenn sie ihr kritisches Potenzial nicht komplett einbüßen will, die Mühe machen müssen, eine freie und unabhängige, ergo analytische Position zu den herrschenden Diskursregeln zu finden. Diese kann weder in kindlich gläubiger Unterwürfigkeit noch in emotionalisierter pubertärer Pauschalablehnung bestehen.

Sofern wir nicht auf eine »Psychoanalyse ohne Grundregel« (Schlieffen, 1983) aus sind, ist zu fragen, inwieweit innerhalb einer an der gegenwärtigen äußeren Realität orientierten tiefenpsychologisch fundierten Anwendung der Psychoanalyse nicht nur auf deren klinische Theorie, sondern auch auf deren genuine Methode zurückgegriffen und diese zum Arbeiten gebracht werden kann. Dabei stehen im tiefenpsychologischen Verfahren den Grundregeln die Forderung nach inhaltlicher Fokussierung und die damit einhergehende Beschränkung der therapeutischen Arbeit auf eine aktuelle Hauptproblematik entgegen. Wöller und Kruse (2018) empfehlen, in tiefenpsychologisch fundierten Psychotherapien eine modifizierte Form der Grundregel anzuwenden und mitzuteilen:

»Versuchen Sie alles das auszusprechen, was Ihnen durch den Kopf geht. Machen Sie sich keine Gedanken, ob es wichtig oder unwichtig ist, ob es hierher gehört oder nicht. Wir werden dann zusammen diese Einfälle sortieren, das für die zwischen uns vereinbarte Problemstellung Wichtige auswählen und bearbeiten« (Wöller u. Kruse, 2018, S. 68).

Darüber hinaus findet sich das Erbe der freien Assoziation in tiefenpsychologischen Therapien in der Tendenz, Patienten das Thema der Stunde bestimmen zu lassen, und im Umgang mit Träumen. Freie Assoziation und gleichschwebende Aufmerksamkeit erscheinen in der tiefenpsychologischen Anwendung der Psychoanalyse weniger als fundamentale Regeln, sondern mehr als ein Korrektiv, mit welchem die Anwendung anderer Methoden und Behandlungsprinzipien in kreativer Weise balanciert werden kann. Das freie Assoziieren ist prinzipiell regressionsfördernd, sodass insbesondere in der therapeutischen Arbeit mit strukturell gestörten Patientinnen und Patienten über weitergehende Modifikationen der Grundregeln nachzudenken ist.

Im Rahmen der von ihnen entwickelten Allianz-fokussierten Kurzzeittherapie schlugen Safran und Muran (2000) vor, den gängigen Inhaltsfokus psychodynamischer Formulierungen durch einen *Prozessfokus* zu ersetzen. Dieser fokussiert die unmittelbare Wahrnehmung der sich von Moment zu Moment in der Therapeut-Patient-Beziehung abspielenden intrapsychischen und interpersonellen Prozesse anstelle des Durcharbeitens einer am Therapiebeginn festgelegten Hypothese über die unbewussten Hintergründe eines Hauptproblems und eröffnet damit auch in einem niedrigfrequenten und zeitbegrenzten Setting die Möglichkeit, zentrale Elemente der gleichschwebenden Aufmerksamkeit beizubehalten.

5 Reines Beobachten: Achtsamkeit und die psychoanalytische Methode

Trotz seiner unbestrittenen Zentralstellung innerhalb der psychoanalytischen Behandlungstechnik konnte gleichschwebende Aufmerksamkeit lange als einer der am wenigsten diskutierten und am unzureichendsten konzeptualisierten Aspekte der Psychoanalyse gelten (Epstein, 1984). Darauf, dass an dieser Stelle für die Weiterentwicklung der psychodynamischen Theorie und Praxis vielversprechende Anregungen von der buddhistischen Psychologie, von einem formalisierten Achtsamkeitstraining und von achtsamkeitsorientierten Ansätzen innerhalb der westlichen Psychologie ausgehen können, wurde in den letzten Jahren vermehrt hingewiesen (Safran, 2003; Zwiebel, 2013; Stewart, 2014; Rugenstein u. Gumz, 2017).

Das psychologische Konstrukt »Achtsamkeit«, verstanden als eine Selbstregulation der Aufmerksamkeit, sodass sich diese in einer offenen und nicht wertenden Weise auf die unmittelbare Erfahrung des gegenwärtigen Moments hin orientiert (Bishop et al., 2004), weist offensichtliche Überschneidungen mit freier Assoziation und insbesondere mit gleichschwebender Aufmerksamkeit auf. In der Verbindung zur gleichschwebenden Aufmerksamkeit kommt Achtsamkeit dabei weniger als eine Patienten zu vermittelnde Strategie zur Reduktion von Vulnerabilitäten in den Blick, sondern vielmehr als eine Therapeutenvariable. Grepmair et al. (2007) konnten in einer randomisierten, kontrollierten Studie zeigen, dass ein Achtsamkeitstraining von psychodynamischen Therapeuten die Verläufe und Ergebnisse der von diesen durchgeführten Behandlungen positiv beeinflusste.

Freud und seine Nachfolgerinnen und Nachfolger rangen unter der Überschrift »gleichschwebende Aufmerksamkeit« um ein therapeutisches Hören, welches nicht durch eigene Neigungen und Erwartungen geleitet ist. Das Gehörte soll zunächst einmal Gehörtes sein und nicht sogleich Verstandenes. Oftmals sind wir jedoch so sehr damit beschäftigt, unsere Patientinnen und Patienten zu verstehen, dass wir darüber vergessen, sie überhaupt zu hören. Wir laufen Gefahr, mit dem, was Theodor Reik (1948/1976) mystifizierend »drittes Ohr« nannte, zu hören, bevor wir mit dem ersten Ohr gehört haben. Entsprechend wurde dem psychodynamischen Therapeuten auch nahegelegt, auf einem Ohr taub zu werden, damit das andere umso hellhöriger werde (Lacan, 1956/2016). Es gibt hier eine erstaunliche Parallele zu einer etwas dunklen, jedoch für die Achtsamkeitspraxis substanziellen Textstelle aus dem buddhistischen Schriftenkanon: »So musst du dich üben«, spricht dort der Buddha zu einem Schüler: »Bei den Dingen, die gehört worden sind, soll das Gehörte nur Gehörtes sein« (Udāna I, 10).

Der Meditierende, der während der Übung ein Auto oder eine Mücke »hört« oder »hört«, wie »sein« Bauch ein Verdauungsgeräusch macht – anstatt ein Knattern, ein Summen oder ein Blubbern in all ihren Veränderungen zu hören –, dieser Meditierende hört ebenso wenig wie der Therapeut, der »hört«, wie ihm eine Patientin von einem ödipalen Konflikt berichtet.

Freud weist nachdrücklich darauf hin, dass »die psychische Verfassung des Mannes, welcher nachdenkt, eine ganz andere ist als die desjenigen, welcher seine psychischen Vorgänge beobachtet« (Freud, 1900a, S. 106). Zu analysieren bedeute »nicht zu spekulieren und zu grübeln« (Freud, 1912e, S. 380). Es ist fast so, als ob Freud hiermit und unter dem Namen »bloßes Forschen« (siehe Kapitel 3.3) um etwas ringt, was von dem mit Erich Fromm eng befreundeten buddhistischen Mönch Nyanaponika (1970) als das Herzstück buddhistischer Achtsamkeitspraxis beschrieben wurde: die Haltung des reinen Beobachtens. Ein zentraler Aspekt dieser Haltung ließe sich auch als *Negative Capability* beschreiben, insofern Achtsamkeit in der buddhistischen Tradition – anders als in der westlichen Psychologie (Gethin, 2011) – als jene Fähigkeit des Geistes verstanden wird, welche das, was gegenwärtig ist, wahrnimmt *ohne* Gier *(alobha), ohne* Haß *(adosa)* und *ohne* Täuschung *(amoha)*.

Obgleich die Einsicht *(vipassanā)*, auf welche die meditative Achtsamkeitspraxis zielt – das Sehen der Dinge als unbeständig *(anicca)*, unzulänglich *(dukkha)* und unpersönlich *(anattā)* –, sich von der Einsicht, welche psychodynamische Therapien zu erreichen bestrebt sind, durchaus unterscheidet, kommen die Praxis der Achtsamkeit und die Praxis der psychodynamischen Therapie in der grundlegend emanzipatorischen Zielstellung einer wachsenden Freiheit von inneren und äußeren Objekten auf inspirierende Weise überein.

6 Die Methode lernen – mit der Methode lernen: Ausbildung und Supervision

Ausbildung machen oder Ausbildung lassen?
Es ist eine bedenkenswerte Frage, wie in einem vordergründig auf die Vermittlung eines Mehr an inhaltlich-konzeptuellem Wissen ausgerichteten Ausbildungssystem eine *Negative Capability* wie gleichschwebende Aufmerksamkeit gelehrt und gelernt werden kann. Konkrete Strategien einer systematischen Schulung der Fähigkeit reinen Wahrnehmens und nicht wählenden Auffassens der gegenwärtigen Wirklichkeit finden unter Integration achtsamkeitsbasierter Ansätze zunehmend auch in psychodynamische Ausbildungen Eingang (z. B. Muran, Safran u. Eubanks-Carter, 2010; Gumz, Rugenstein u. Munder, 2018) und bilden einen vielversprechenden Ansatzpunkt dafür, das Konstrukt gleichschwebende Aufmerksamkeit zu entmystifizieren und damit lehr- und lernbarer zu machen. Eine achtsame, gleichschwebend-aufmerksame Haltung etabliert ein Klima der Neugier für die Wirklichkeit, so wie sie gegenwärtig ist – auch dann, wenn sie nicht so ist, wie sie sein »sollte«, oder wie wir sie gern hätten. Erst in einem solchen Klima ist es überhaupt möglich, aus Erfahrung zu lernen.

Folgen wir der Logik des Lassens, dann ist das, was uns als Therapeuten und Therapeutinnen innerhalb der Sitzungen Schwierigkeiten bereitet, nicht so sehr ein Mangel, sondern ein Zuviel an Wissen und die Tatsache, dass wir unsere Theorien und unser Training nicht loszulassen vermögen: »Der Schauspieler sollte«, so bemerkte Reik (1948/1976, S. 51 f.) in Analogie zum Therapeuten, »wenn er auf die Bühne tritt, vergessen, was er auf der Schule gelernt hat. Er muß es beiseiteschieben, als ob es nie dagewesen wäre. Wenn er es jetzt nicht vernachlässigen kann, im Augenblick der wirklichen Aufführung – wenn es nicht tief genug gegangen ist, daß er es sich leisten kann, es zu vernachlässigen, dann war seine Ausbildung nicht gut genug.« Ein gutes Vorbild und eine gute Ausbildung sind – wie ein guter Therapeut – dadurch gekennzeichnet, dass sie den Lernenden – oder den Patienten – durch Abhängigkeiten hindurch in die Selbstständigkeit begleiten.

Mehr wissen durch weniger Information

Angeregt durch frustrierende eigene Erfahrungen in der Präsentation von Fällen entwickelten Johan Norman und Björn Salomonsson (2005) vor dem Hintergrund Bion'scher Vorstellungen ein Modell der Fallpräsentation, welches sie »Weaving Thoughts«-Methode nannten und dessen Grundidee darin besteht, die analytische Situation auf die Gruppensituation der Fallvorstellung hinüberzukopieren. Dabei wird die Methode der analytischen Situation – freie Assoziation und gleichschwebende Aufmerksamkeit – zu einer Methode der Fallbesprechung und Ausbildung. Das Gedankenweben ist nicht als Ersatz für, sondern als Ergänzung zu anderen Ausbildungsmethoden wie technische Diskussionen, klinische Seminare oder Rollenspiele zu verstehen.

Beim Gedankenweben stellt ein Therapeut zwei aufeinanderfolgende Sitzungen mit einem Patienten in einer Gruppe aus sechs bis 15 Teilnehmenden und einem Moderator vor. Der Moderator macht keinerlei Kommentare zum vorgestellten Fall, sondern hat die Aufgabe, dafür zu sorgen, dass die Gruppe als »Arbeitsgruppe« (Bion, 1961) funktioniert. Die einzige Information, die der Vorstellende zusätzlich zum – vorgelesenen und in Kopie ausgeteilten – Text der Stundenverläufe mitteilt, sind Alter und Geschlecht des Patienten, wie lange Therapeut und Patient schon zusammenarbeiten, Setting, Stundenfrequenz und die Wochentage der vorgestellten Sitzungen. Es werden keine weiteren biografischen und diagnostischen Informationen gegeben. Nach dem Vorlesen der jeweiligen Sitzung hält sich der Vorstellende zurück, er folgt den Assoziationen der Gruppe, aber diskutiert nicht mit der Gruppe, er »berichtigt« nicht und gibt auch keine weiteren »Fakteninformationen«. Ähnlich wie im analytischen Setting regt in der Weaving-Thoughts-Gruppe das Nichtantworten des vorstellenden Analytikers die Produktion weiteren assoziativen Materials an. Die Idee ist, Material in einer Weise anzubieten, die es der Gruppe ermöglicht, dazu mit so wenig Erinnerungen und Wünschen wie möglich gleichschwebend aufmerksam assoziieren zu können.

Das entstehende Geflecht aus Assoziationen wird verstanden als Abbild der zwischen Analysand und Analytiker wirksamen Prozesse (Salomonsson, 2012). Die Gruppe kann dabei eine wichtige Erfahrung machen: Weniger Information über einen Patienten eröffnet einen negativen, ungesättigten Raum, in welchem es möglich ist, dass mehr Wissen entsteht. Der Verzicht auf eben jene biografischen und diagnostischen Informationen, die oft als »wichtig« angesehen werden, macht es überhaupt erst möglich, gleichschwebend aufmerksam den Einzelheiten einer Stunde zu folgen und frei zu ihnen assoziieren zu können, weil nicht »Fakten« vorhanden sind, die dazu verleiten, alles Unverständliche und Unbekannte sofort zu ihnen in Bezug zu setzen und so zu »verstehen«. Damit wird es möglich, dass neue und unverstandene Facetten eines Patienten und einer therapeutischen Interaktion deutlich werden, also aus dem Dunkel auftauchen können. Am Ende einer Gruppensitzung werden keine Unklarheiten »aufgelöst«, keine Resultate formuliert und kein Fazit gezogen. Der Versuchung zur Synthese wird sich enthalten. Das Geflecht bleibt unfertig, unvollkommen und unbeendet.

7 Zusammenfassung: Zehn Prinzipien für das Arbeiten mit freier Assoziation und gleichschwebender Aufmerksamkeit

1. **Sei empfänglich** für die Inhalte und Formen des Unbewussten.

2. **Sei der Entstellung auf der Spur:** Gleichschwebende Aufmerksamkeit ist die angemessene Einstellung angesichts eines entstellten Erkenntnisgegenstands.

3. **Der Patient zeigt den Weg:** Analyse ist die Reise des Patienten, nicht die des Analytikers. Begleite deine Patienten. Gehe nicht vor.

4. **Sei enthaltsam und folge der Logik des Lassens:** Weniger hilft mehr. Enthalte dich der theoriegeleiteten Hypothesenprüfung, des Helfenwollens und Verstehenmüssens. Halte deine Patienten dazu an, sich der Selbstzensur und der Auswahl des von ihnen Gesagten im Hinblick auf logische, ästhetische und moralische Normen zu enthalten.

5. **Höre mit dem ersten Ohr:** Sei nicht so sehr damit beschäftigt, deine Patienten zu verstehen, dass du darüber vergisst, sie zu hören.

6. **Gleich-gültigkeit:** Lasse jedes Phänomen gleichermaßen gelten. Nimm jedes Wort, jeden Buchstaben, jedes Schweigen und jede scheinbare Nebensächlichkeit gleichermaßen wichtig.

7. **Sei spielerisch:** Nimm Rollenangebote vorübergehend innerlich an, ohne sie kritisch an der vermeintlichen Realität deiner Person zu prüfen. Kultiviere Möglichkeitssinn und Freude am Mehrdeutigen. Halte dich offen für die Spontaneität des im gegenwärtigen Moment Auftauchenden.

8. **Folge den Regeln ins Freie:** Freie Assoziation und gleichschwebende Aufmerksamkeit sind Forderungen, deren emanzipatorische Pointe in ihrer Unerfüllbarkeit besteht. Die Grundregeln können und sollen nicht sklavisch eingehalten werden, sondern sie sollen dich neugierig machen auf das, was gegen sie verstößt.

9. **Deute an, nicht aus:** Versuche nicht angestrengt, einen geheimen Sinn zu erraten und damit Eindeutigkeit und Sicherheit herzustellen. Lasse dich zur Deutung gelangen. Eine Deutung soll nicht die Rätsel des Patienten lösen, sondern seine Zunge.

10. **Verstehen heißt verdrängen:** Die Einsicht, das Wissen und die gesicherten Resultate von gestern sind der Widerstand von heute. Erfreue dich an ihnen und lasse sie los.

Literatur

Anzieu, D. (1990). Freuds Selbstanalyse. Bd. 2: 1898–1902. München: Verlag Internationale Psychoanalyse.

Argelander, H. (1979). Die kognitive Organisation psychischen Geschehens. Ein Versuch zur Systematisierung der kognitiven Organisation in der Psychoanalyse. Stuttgart: Klett-Cotta.

Argelander, H. (1985). Die Bedeutung der Grundregel für die psychoanalytische Methode. Psyche – Zeitschrift für Psychoanalyse und ihre Anwendungen, 39, 12–22.

Balter, L., Lothane, Z., Spencer, J. H. (1980). On the analyzing instrument. Psychoanalytic Quarterly, 44, 474–504.

Bellak, L. (1961). Theoretische und klinische Aspekte der freien Assoziation. Psyche – Zeitschrift für Psychoanalyse und ihre Anwendungen, 15, 382–404.

Bernfeld, S. (1981). Freuds wissenschaftliche Anfänge. In S. Bernfeld, S. Cassirer Bernfeld, Bausteine der Freud-Biographik (S. 112–147). Frankfurt a. M.: Suhrkamp.

Bion, W. R. (1961). Erfahrungen in Gruppen und andere Schriften. Stuttgart: Klett-Cotta.

Bion, W. R. (1962). Learning from experience. New York: Jason Aronson.

Bion, W. R. (1965/2018). Memory and desire. In C. Mawson (Ed.), Three papers of W. R. Bion (pp. 1–10). London: Routledge.

Bion, W. R. (1967/1991). Anmerkungen zu Erinnerung und Wunsch. In E. Bott Spillius (Hrsg.), Melanie Klein Heute. Entwicklungen in Theorie und Praxis. Bd. 2: Anwendungen (S. 22–25). Weinheim: Verlag Internationale Psychoanalyse.

Bion, W. R. (1967/2018). Negative capability. In C. Mawson (Ed.), Three papers of W. R. Bion (pp. 19–28). London: Routledge.

Bion, W. R. (1970). Attention and interpretation. New York: Jason Aronson.

Bion, W. R. (1970/2006). Aufmerksamkeit und Deutung. Frankfurt a. M.: Brandes & Apsel.

Bishop, S., Lau, M., Shapiro, S., Carlson, L., Anderson, N., Carmody, J. et al. (2004). Mindfulness: A proposed operational definition. Critical Psychology: Science and Practice, 11, 230–241.

Bollas, C. (2006). Übertragungsdeutung als ein Widerstand gegen die freie Assoziation. Psyche – Zeitschrift für Psychoanalyse und ihre Anwendungen, 60, 932–947.

Bollas, C. (2011). Die unendliche Frage. Zur Bedeutung des freien Assoziierens. Frankfurt a. M.: Brandes & Apsel.

Bordin, E. S. (1979). The generalizability of the psychoanalytic concept of the working alliance. Psychotherapy, 16, 252–260.

Börne, L. (1823/1911). Die Kunst, in drei Tagen ein Originalschriftsteller zu werden. In L. Geiger (Hrsg.), Börnes Werke. Historisch-kritische Ausgabe, zweiter Band (S. 284–286, 356–357). Berlin: Bong.

Buchholz, M. B. (2014). Patterns of empathy as embodied practice in clinical conversation – a musical dimension. Frontiers in Psychology, 5, 349.

Davies, J. K., Fichtner, G. (Hrsg.) (2006). Freuds Bibliothek. Vollständiger Katalog. Tübingen: edition diskord.

DIMDI (Hrsg.) (2019). Internationale statistische Klassifikation der Krankheiten und verwandter Gesundheitsprobleme, 10. Revision – German Modification. Version 2019. Systematisches Verzeichnis. Köln: Deutsches Institut für Medizinische Dokumentation und Information.

Ellis, H. (1919). Psycho-analysis in relation to sex. In H. Ellis., The philosophy of conflict and other essays in war-time. Second series (pp. 195–223). London: Constable and Company.

Epstein, M. D. (1984). On the neglect of evenly suspended attention. Journal of Transpersonal Psychology, 16, 193–204.

Etchegoyen, R. H. (1991). The fundamentals of psychoanalytic technique. London: Karnac.

Ferenczi, S. (1918/1964). Zur psychoanalytischen Technik. In S. Ferenczi, Bausteine zur Psychoanalyse (Bd. II, S. 38–54). Bern: Huber.

Flader, D., Grodzicki, W. (1982). Hypothesen zur Wirkungsweise der psychoanalytischen Grundregel. In D. Flader, W. Grodzicki, K. Schröter (Hrsg.), Psychoanalyse als Gespräch. Interaktionsanalytische Untersuchungen über Therapie und Supervision. Frankfurt a. M.: Suhrkamp.

Foucault, M. (1969). Wahnsinn und Gesellschaft. Eine Geschichte des Wahns im Zeitalter der Vernunft. Frankfurt a. M.: Suhrkamp.

Freud, S. (1882a). Über den Bau der Nervenfasern und der Nervenzellen beim Flußkrebs. SFG I (S. 153–189). Gießen: Psychosozial-Verlag.

Freud, S. (1884c). A new histological method for the study of nerve-tracts in the brain and spinal chord. Brain, 7, 86–88.

Freud, S. (1884d). Eine neue Methode zum Studium des Faserverlaufs im Centralnervensystem. SFG I (S. 242–250). Gießen: Psychosozial-Verlag.
Freud, S. (1884f). Die Structur der Elemente des Nervensystems. SFG I (S. 257–268). Gießen: Psychosozial-Verlag.
Freud, S. (1891b). Zur Auffassung der Aphasien. Eine kritische Studie. Wien: Deuticke.
Freud, S. (1893h). Über den psychischen Mechanismus hysterischer Phänomene. GW Nachtragsband (S. 183–195). Frankfurt a. M.: Fischer.
Freud, S. (1894a). Die Abwehr-Neuropsychosen. Versuch einer psychologischen Theorie der acquirierten Hysterie, vieler Phobien und Zwangsvorstellungen und gewisser hallucinatorischer Psychosen. GW I (S. 59–74). London: Imago.
Freud, S. (1895d). Studien über Hysterie. GW I (S. 75–312). London: Imago.
Freud, S. (1896b). Weitere Bemerkungen über die Abwehr-Neuropsychosen. GW I (S. 379–403). London: Imago.
Freud, S. (1900a). Die Traumdeutung. GW II/III. London: Imago.
Freud, S. (1905a). Über Psychotherapie. GW V (S. 13–26). London: Imago.
Freud, S. (1905d). Drei Abhandlungen zur Sexualtheorie. GW V (S. 47–145). London: Imago.
Freud, S. (1909b). Analyse der Phobie eines fünfjährigen Knaben. GW VII (S. 241–377). London: Imago.
Freud, S. (1912b). Zur Dynamik der Übertragung. GW VIII (S. 364–374). London: Imago.
Freud, S. (1912e). Ratschläge für den Arzt bei der psychoanalytischen Behandlung. GW VIII (S. 376–387). London: Imago.
Freud, S. (1913c). Zur Einleitung der Behandlung (Weitere Ratschläge zur Technik der Psychoanalyse). GW VIII (S. 454–478). London: Imago.
Freud, S. (1914d). Zur Geschichte der psychoanalytischen Bewegung. GW X (S. 43–113). London: Imago.
Freud, S. (1915e). Das Unbewußte. GW X (S. 264–303). London: Imago.
Freud, S. (1916–17a). Vorlesungen zur Einführung in die Psychoanalyse. GW XI. London: Imago.
Freud, S. (1919a). Wege der psychoanalytischen Therapie. GW XII (S. 183–194). London: Imago.
Freud, S. (1920b). Zur Vorgeschichte der analytischen Technik. GW XII (S. 309–312). London: Imago.
Freud, S. (1923a). Psychoanalyse. GW XIII (S. 211–229). London: Imago.
Freud, S. (1923b). Das Ich und das Es. GW XIII (S. 237–289). London: Imago.
Freud, S. (1924f). Kurzer Abriß der Psychoanalyse. GW XIII (S. 405–427). London: Imago.

Freud, S. (1937c). Die endliche und die unendliche Analyse. GX XVI (S. 59–99). London: Imago.
Freud, S. (1940a). Abriß der Psychoanalyse. GW XVII (S. 63–138). London: Imago.
Freud, S. (1950c). Entwurf einer Psychologie. GW Nachtragsband (S. 387–477). Frankfurt a. M.: Fischer.
Freud, S. (1960a). Briefe 1873–1939. Frankfurt a. M.: Fischer.
Freud, S. (1965a). Briefe an Karl Abraham 1907–1926. Frankfurt a. M.: Fischer.
Freud, S. (1985c). Briefe an Wilhelm Fließ 1887–1904. Frankfurt a. M.: Fischer.
Galton, F. (1879). Psychometric experiments. Brain, 2, 149–162.
Gethin, R. (2011). On some definitions of mindfulness. Contemporary Buddhism: An Interdisciplinary Journal, 12, 263–279.
Glover, E. (1955). The technique of psychoanalysis. New York: International Universities Press.
Gödde, G. (2018). Mit dem Unbewussten arbeiten. Göttingen: Vandenhoeck & Ruprecht.
Greenson, R. R. (1965). The working alliance and the transference neurosis. Psychoanalytic Quarterly, 34, 155–181.
Grepmair, L., Mitterlehner, F., Loew, T., Bachler, E., Rother, W., Nickel, M. (2007). Promoting mindfulness in psychotherapists in training influences the treatment results of their patients: A randomized, double-blind, controlled study. Psychotherapy and Psychosomatics, 76, 332–338.
Grimm, J., Grimm, W. (1852 ff./1984). Deutsches Wörterbuch. München: Dt. Taschenbuch-Verl.
Grubrich-Simitis, I. (1995). Urbuch der Psychoanalyse. Hundert Jahre Studien über Hysterie von Josef Breuer und Sigmund Freud. Frankfurt a. M.: Fischer.
Gumz, A., Rugenstein, K., Munder, T. (2018). Allianz-Fokussiertes Training: Schulenübergreifender Weg zum Umgang mit Krisen in der therapeutischen Beziehung. Psychotherapeut, 63, 55–61.
Herbart, J. F. (1850). Lehrbuch zur Psychologie (3. Aufl.). Leipzig: Voss.
Hinz, H. (1991). Gleichschwebende Aufmerksamkeit und die Logik der Abduktion. Jahrbuch der Psychoanalyse, 27, 146–175.
Hölzer, M., Kächele, H. (1988). Die Entwicklung der freien Assoziation durch Sigmund Freud. Jahrbuch der Psychoanalyse, 22, 184–217.
Horvath, A. O., Del Re, A. C., Flückiger, C., Symonds, D. (2011). Alliance in individual psychotherapy. Psychotherapy, 48, 9–16.
Jung, C. G. (1906). Diagnostische Assoziationsstudiem. Beiträge zur experimentellen Psychopathologie. Leipzig: Barth.

Keats, J. (1958). The letters of John Keats. Vol. I: 1814–1818, hg. v. H. E. Rollins. Cambridge: Cambridge University Press.

König, H. (2000). Gleichschwebende Aufmerksamkeit und Modellbildung. Eine qualitativ-systematische Einzelfallstudie zum Erkenntnisprozess des Psychoanalytikers. Ulm: Ulmer Textbank.

Körner, J. (1985). Vom Erklären zum Verstehen in der Psychoanalyse. Untersuchungen zur psychoanalytischen Methode. Göttingen: Vandenhoeck & Ruprecht.

Körner, J. (2018). Die Psychodynamik von Übertragung und Gegenübertragung. Göttingen: Vandenhoeck & Ruprecht.

Körner, J., Rosin, U. (1985). Das Problem der Abstinenz in der Psychoanalyse. Forum der Psychoanalyse, 1, 25–47.

Kris, A. O. (1996). Free association. Method and process (2nd ed.). Hillsdale: Analytic Press.

Lacan, J. (1956/2016). Die Situation der Psychoanalyse und die Ausbildung des Psychoanalytikers im Jahre 1956. In J. Lacan, Schriften I (S. 541–581). Wien: Turia + Kant.

Lacan, J. (1976). Conférances et entretiens dans des universités nord-américaines. Scilicet, 6/7, 5–63.

Langs, R. (1981). Editors notes. In R. Langs (Ed.), Classics in psychoanalytic technique (pp. 259, 273). New York: Jason Aronson.

Laplanche, J. (1992). Deutung zwischen Determinismus und Hermeneutik. In J. Laplanche, Die unvollendete kopernikanische Revolution in der Psychoanalyse (S. 142–176). Frankfurt a. M.: Fischer.

Laplanche, J. (1998). Die Psychoanalyse als Anti-Hermeneutik. Psyche – Zeitschrift für Psychoanalyse und ihre Anwendungen, 52, 605–618.

Lichtenberg, J. D., Galler, F. B. (1987). The fundamental rule: A study of current usage. Journal of the American Psychoanalytic Association, 35, 47–76.

Lorenzer, A. (1984). Intimität und soziales Leid. Archäologie der Psychoanalyse. Frankfurt a. M.: Fischer.

Lorenzer, A. (1985). Der Analytiker als Detektiv, der Detektiv als Analytiker. Psyche – Zeitschrift für Psychoanalyse und ihre Anwendungen, 39, 1–11.

Lüdemann, S. (1994). Mythos und Selbstdarstellung. Zur Poetik der Psychoanalyse. Freiburg: Rombach.

Mahony, P. (1979). The boundaries of free association. Psychoanalysis and Contemporary Thought, 2, 151–198.

Muran, J. C., Safran, J. D., Eubanks-Carter, C. (2010). Developing therapists abilities to negotiate alliance ruptures. In J. C. Muran, J. P. Barber (Eds.), The therapeutic alliance. An evidence based guide to practice (pp. 320–340). New York: Guilford.

Norman, J., Salomonsson, B. (2005). »Weaving thoughts«. A method for presenting and commenting psychoanalytic case material in peer groups. International Journal of Psychoanalysis, 86, 1281–1298.

Nyanaponika (1970). Geistestraining durch Achtsamkeit. Konstanz: Christiani.

Quindeau, I. (2014). Sexualität. Gießen: Psychosozial-Verlag.

Raguse, H. (1992). »Freie Assoziation« als Sprache der Psychoanalyse – einige linguistische Reflexionen. Zeitschrift für psychoanalytische Theorie und Praxis, 7, 293–305.

Reicheneder, J. G. (1987). Die Entdeckung der Absicht im Zufall. Über eine frühe Stufe der Entwicklung der psychoanalytischen Methode. Psyche – Zeitschrift für Psychoanalyse und ihre Anwendungen, 41, 307–330.

Reicheneder, J. G. (1990). Zum Konstitutionsprozess der Psychoanalyse. Stuttgart: Frommann-Holzboog.

Reik, T. (1948/1976). Hören mit dem dritten Ohr. Die innere Erfahrung eines Psychoanalytikers. Hamburg: Hoffmann und Campe.

Rugenstein, K. (2015). Negative Therapeutik. Von der Tugend des Nicht-Wissens. Paragrana – Internationale Zeitschrift für Historische Anthropologie, 24, 128–138.

Rugenstein, K. (2018). Humor in der psychodynamischen Therapie. Göttingen: Vandenhoeck & Ruprecht.

Rugenstein, K., Gumz, A. (2017). Achtsamkeit in der psychodynamischen Therapie. Psychotherapie im Dialog, 18, 78–82.

Safran, J. D. (Hrsg.) (2003). Psychoanalysis and Buddhism. An unfolding dialogue. Boston: Wisdom.

Safran, J. D., Muran, J. C. (2000). Negotiating the therapeutic alliance. New York: Guilford.

Salomonsson, B. (2012). Psychoanalytic case presentation in a weaving thoughts group: On countertransference and group dynamics. International Journal of Psychoanalysis, 93, 917–937.

Sandler, J. (1976). Gegenübertragung und Bereitschaft zur Rollenübernahme. Psyche – Zeitschrift für Psychoanalyse und ihre Anwendungen, 30, 297–305.

Sandler, J., Dare, C., Holder, A. (1992). The patient and the analyst. The basis of the psychoanalytic process (2nd ed.). London: Karnac.

Schiller, F. (1859). Schillers Briefwechsel mit Körner. Erster Theil. 1784–1788. Leipzig: Veit.

Schinkarjow, W. (1998). Maxim und Fjodor. Berlin: Berlin-Verlag.

Schlieffen, H. v. (1983). Psychoanalyse ohne Grundregel. Psyche – Zeitschrift für Psychoanalyse und ihre Anwendungen, 37, 481–496.

Schopenhauer, A. (1851/1980). Parerga und Paralipomena. Kleine philosophische Schriften I. In Sämtliche Werke, hg. v. W. v. Löhneysen, Bd. IV. Darmstadt: Wissenschaftliche Buchgesellschaft.

Seiffge-Krenke, I. (2017). Widerstand, Abwehr und Bewältigung. Göttingen: Vandenhoeck & Ruprecht.

Spence, D. (1984). Perils and pifalls of free floating attention. Contemporary Psychoanalysis, 20, 37–59.

Stäcker, K. H. (1971). Assoziationspsychologie. In J. Ritter, K. Gründer, G. Gabriel (Hrsg.), Historisches Wörterbuch der Philosophie, Bd. 1 (Sp. 554–556). Darmstadt: Wissenschaftliche Buchgesellschaft.

Steinert, C., Leichsenring, F. (2016). Psychodynamische Psychotherapie in Zeiten evidenzbasierter Medizin. Bambi ist gesund und munter. Göttingen. Vandenhoeck & Ruprecht.

Stewart, J. M. (Hrsg.) (2014). Mindfulness, acceptance and the psychodynamic evolution. Oakland: Context.

Thomä, H., Kächele, H. (1985). Lehrbuch der psychoanalytischen Therapie. Bd. 1: Grundlagen. Berlin: Springer.

Trosman, H. (1969). The cryptomnesic fragment in the discovery of free association. Journal of the American Psychoanalytic Association, 17, 489–510.

Udāna. Ed. P. Steinthal. Oxford: Pali Text Society, 1987.

Watzlawick, P. (1983). Anleitung zum Unglücklichsein. München: Piper.

Westerkamp, D. (2011). Weg. In R. Konersmann (Hrsg.), Wörterbuch der philosophischen Metaphern (3. Aufl., S. 524–551). Darmstadt: Wissenschaftliche Buchgesellschaft.

Winnicott, D. W. (1973). Vom Spiel zur Kreativität. Stuttgart: Klett.

Wöller, W., Kruse, J. (2018). Tiefenpsychologisch fundierte Psychotherapie. Basisbuch und Praxisleitfaden (5. Aufl.). Stuttgart: Schattauer.

Zilboorg, G. (1952). Some sidelights on free associations. International Journal of Psychoanalysis, 33, 489–495.

Zwiebel, R. (2013). Was macht einen guten Psychoanalytiker aus? Grundelemente professioneller Psychotherapie. Stuttgart: Klett-Cotta.